KB195131

10년 후 우리는, AI와 친구가 될 수 있을까?

10년 후 우리는, AI와 친구가 될 수 있을까?

박재용 지음

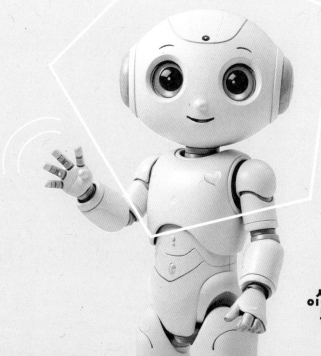

이상
북스

이 책은 지금 10대인 독자를 생각하며 썼습니다. 10년 후 20대인 여러분이 살고 있을 대한민국은 어떤 모습일까를 상상하며 있을 법한 모습을 짧은 소설 형식으로 풀고, 그에 따른 기술적·사회적 현상에 대한 설명을 덧붙이는 형식으로 꾸몄죠.

이야기 주인공은 20대 중반의 택배기사, 김기사입니다. 인공지능이 탑재된 자율주행 트럭을 타고, 역시 인공지능을 가진 배달 보조 로봇과 같이 일을 하며, 할머니와 여자 친구 등 주변 다양한 사람들과 더불어 살면서 여러 가지 일과 마주치게 되죠.

지금과 사뭇 다른 환경이 펼쳐집니다. 불과 10년이지만 21세기의 10년은 기술의 발달이 엄청나게 빠를 테니까요. 인공지능, 로봇, 도심항공교통, 자율주행 자동차, 원격진료, 유전자 편집, 확장현실 등 다양한 기술적 변화를 마주한 우리는 어떤 모습일지 궁금했습니다. 또한 그런 변화에 어떻게 대응할지도 궁금했지요.

'10년 후 우리는' 어떤 모습일지 그려낸 이 책은 '과학기술의 미래'(《10년 후 우리는, AI와 친구가 될 수 있을까?》)와 '일상의 미래'(《10년 후 우리는, AI 로봇을 구독하다!》) 두 권이 세트입니다. 이야기 흐름상 '과학기술의 미래'가 먼저지만 어느 것을 먼저 읽어도 좋습니다.

한 가지 확실한 것은 어떤 변화가 있든 우리 일상은 지속될 것이란 점입니다. 30년 전 휴대전화도 없고 개인용 컴퓨터도 없던 시기에도 20대의 저는 20대로서의 일상을 살았습니다. 그리고 지금 휴대전화와 개인용 컴퓨터, 태블릿피시, 스마트밴드와 무선 이어폰까지 제 삶 곳곳에 극적 변화가 생겼고, '개발도상국'이었던 대한민국은 세계 10위의 선진국이 되었습니다. 3대가 같이 사는 것이 가장 흔한 가정 형태였는데 이제 1인 가정과 2인 가정이 대세가 되었습니다. 이러한 변화 속에서 50대의 저 또한 가족과 일을 중심으로 일상을 꾸리고 있지요.

물론 기술적·사회적 변화는 일상의 모습을 여러모로 바꾸었습니다. 그러나 변화에 적응하고 때로는 반발하면서도 인간으로서의 일상을 유지하기 위한 우리의 노력은 언제나 변함이 없지요.

여러분이 이 책을 읽고 같이 토론하면서 이미 다가온 미래에 대한 자신의 일상을 어떻게 그릴지 모르겠습니다만, 지금 꿈꾸는 미래를 만드는 데 조그마한 도움이라도 되면 좋겠습니다.

2025년 1월

박재용

차례 >>

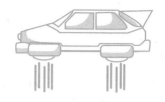

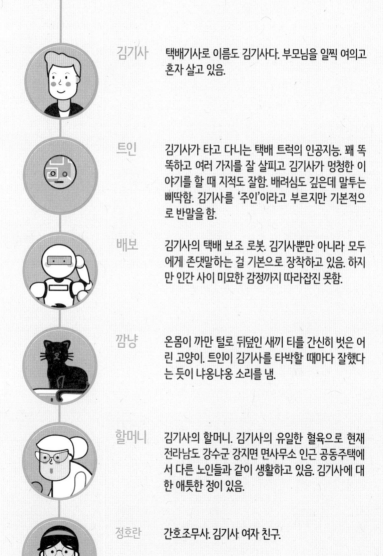

김기사 택배기사로 이름도 김기사다. 부모님을 일찍 여의고 혼자 살고 있음.

트인 김기사가 타고 다니는 택배 트럭의 인공지능. 꽤 똑똑하고 여러 가지를 잘 살피고 김기사가 멍청한 이야기를 할 때 지적도 잘함. 배려심도 깊은데 말투는 삐딱함. 김기사를 '주인'이라고 부르지만 기본적으로 반말을 함.

배보 김기사의 택배 보조 로봇. 김기사뿐만 아니라 모두에게 존댓말하는 걸 기본으로 장착하고 있음. 하지만 인간 사이 미묘한 감정까지 따라잡진 못함.

깜냥 온몸이 까만 털로 뒤덮인 새끼 티를 간신히 벗은 어린 고양이. 트인이 김기사를 타박할 때마다 잘했다는 듯이 냐옹냐옹 소리를 냄.

할머니 김기사의 할머니. 김기사의 유일한 혈육으로 현재 전라남도 강수군 강지면 면사무소 인근 공동주택에서 다른 노인들과 같이 생활하고 있음. 김기사에 대한 애틋한 정이 있음.

정호란 간호조무사. 김기사 여자 친구.

1장

김기사,
트럭을 사다

결국 이름 때문이다. 아무리 당신이 RPG를 좋아
했다고 하더라도 아들 이름을 기사로 짓는 건 뭔
가. 스물여섯 살 김기사는 투덜투덜대다 결국 이름대로 택배기
사 일을 하게 되었다. 기사knight 아닌 기사driver가 되었다. 군대에 남
들보다 6개월 더 있었던 것도 이 때문이다. 6개월 추가 복무를 하
면 한 달에 300만 원을 준다는 말에 혹했다. 1년 6개월 복무해서
번 돈 2100만 원에 추가 복무 6개월로 번 돈 1800만 원을 보태면
중고 택배차 한 대는 충분히 살 수 있었다. 그냥 트럭이면 1400만
원 정도 주면 살 수 있지만 자율주행 기능이 제대로 작동하는 인
공지능Artificial Intelligence(이후 AI로도 표기함) 트럭은 값이 두 배다.

택배차를 할부로 구입해 매달 갚아나가는 방법도 생각했지만
눈 딱 감고 6개월 더 군대에 있자고 생각을 굳혔다. 그래도 원룸

보증금까지는 부족하다. 택배 일 시작해서 몇 달 잘 모으면 원룸 보증금은 모을 수 있겠지. 그래서 탑차 안에 잠 잘 공간도 꾸몄다. 배달할 때는 천정에 고정되어 있다가 잠을 잘 때는 아래로 내리면 되는 침대, 탁자, TV를 넣었다. 답답할까 봐 양쪽 벽면에 창문도 큼직하게 냈다. 실제 고친 차를 보고선 들인 돈값을 한 것 같아 흡족했다.

차에 올라 키를 돌린다. 전방 유리 아래 대시보드 화면 전체에 불이 들어온다. 이상하게 생긴 녀석이 운전석 앞에 떠올랐다. 커다란 이모티콘 같은 원형의 노란 얼굴에 눈 두 개와 입만 있는 단순한 디자인. 눈으로 사방을 둘러보더니 날 살짝 비껴보며 인사를 건넨다.

"안녕. 난 이 차의 인공지능 플랫폼 GXW-1020."

"어, 반가워."

"거기가 이 차 주인?"

"어 그렇지. 오늘부터."

김기사는 속으로 적잖이 당황했다. 이 녀석 인공지능 주제에 처음부터 반말이네.

"그럼 일단 본인 인증을 해야 해. 차량 등록은 했지?"

"응."

"좋아. 그럼 어떤 방법으로 할래? 휴대전화로 인증할 수도 있고 주민등록증으로 할 수도 있어."

"주민등록증으로 하지."

기사는 휴대전화의 모바일 주민등록증을 켜서 화면을 인공지능 쪽으로 들이댔다.

"좋아 좋아. 본인 확인. 이름 김기사, 주민등록번호 090223-100000, 1종 보통면허 소지. 그럼 이제 신체 등록부터 하자. 핸들을 양손으로 잡아줘. 손바닥 전체를 입력하는 거야."

"응, 알았어."

김기사는 양손으로 핸들을 잡았다.

"손을 뗐다가 다시 잡아줘."

이번에도 시키는 대로 한다.

"그럼 백미러를 쳐다봐줘. 홍채 인식을 할 거야. 가까이 가진 않아도 돼. 요샌 기술이 발달해서 가만히 앉아서 쳐다만 봐도 홍채 인식이 되거든."

시키는 대로 순순히 백미러를 바라본다.

"신체 등록 완료. 다른 신체 부위도 등록할 수 있는데 할래? 혹시라도 손목이 잘리거나 눈이 잘못되면 다른 부위로도 확인할 수 있어야 하니까. 발바닥이나 다른 다양한 부위도 등록할 수 있어."

어이가 없다.

"아니 됐어. 말이 돼? 눈이 멀고 손목이 잘리면 운전 자체를 못하잖아."

"그건 그렇지. 아주 멍청하진 않구나. 그럼 이제 가장 궁금해할 자율주행 기능에 대해 말해줄게. 뭐 자랑은 아니지만 이 차 가격의 절반이 나 인공지능의 자율운전 기능일 거야. 나머지 절반은 배터리 가격이고. 일단 완전 자율주행은 자율주행 전용차선에서만 가능해. 자동차전용도로 1차선이나 고속도로 1차선, 그리고 일부 구간이 있지. 하지만 대부분의 도로에선 완전 자율주행은 불가능. 내가 능력이 안 돼서가 아니라 법이 그래."

"그건 나도 알아."

"좋아. 일반 도로에선 4급 자율주행이 돼. 즉 기사 네가 운전대에 손은 얹고 있어야 해. 위급한 상황에선 네가 운전할 준비가 돼 있어야 하니까. 그래서 일반 도로에선 네가 운전대에 손을 얹은 상태가 아니면 내가 운전을 하지 않을 거야. 물론 내가 알아서 운전하는 게 더 안전하고 더 빠를 테니 괜히 네가 운전하려고 하진 말고. 그냥 손만 얹어놔."

그저 헛웃음만 나온다. 이 인공지능 제법이야.

"그런데 네가 세 번째 주인인 건 알지? 이 차 내가 조심해서 운전해서 큰 사고는 없었지만 초등학교 옆 지나다가 축구공이 날아와서 차 지붕 한 번 찍혔고, 저번 주인이 술 마시고 애꿎은 차 발로 차서 뒤 범퍼 한 번 해먹었어. 차 자체에 이상은 한 번도 없었고. 그리고 3년차라 배터리는 100% 충전해도 출고 때랑 비교해 90% 정도 충전되는 것도 알고 있어야 해. 그래도 완전 충전하면 900킬로미터 정도는 다닐 수 있어. 그리고 또...."

"어, 자세한 건 천천히 얘기하자. 궁금한 건 내가 물어볼게. 일단 천국택배 상봉물류센터로 가자."

"오케이. 천국택배 상봉물류센터라, 지금 시간이면 한 30분 걸리겠다. 자, 운전대에 손."

기사는 안전벨트를 매고 운전대에 손을 올리면서 쓴웃음을 짓는다. 마치 '손' 하는 주인한테 앞발을 올리는 강아지가 된 듯한 기분. 녀석도 은근히 즐기는 걸지 몰라.

천국택배 상봉물류센터에서 차량 등록을 하고 지역을 배당받은 뒤 김기사는 근처 마트에 가서 물건을 몇 가지 사고 돌아와 물류센터 한쪽에 주차를 했다. 차에서 생활하면 꽤 불편할 게 많을 거라 각오는 했다. 사실 아직 남은 돈이 좀 있으니 고시원에라도 들어갈 순 있다. 하지만 어차피 잠만 자고 나오는 건데 굳이 고시원에 돈을 쓸 필요가 있을까 싶었다. 무슨 일이 생길지 모르니 한 천만 원 정도는 손에 쥐고 있고 싶기도 했고.

그래도 물류센터에서 무료로 전기 충전을 할 수 있고, 공용 샤워실과 화장실, 공유 주방이 있어서 이렇게 차에서 살 생각을 했다. 그렇지 않으면 완전히 노숙자 꼴이 될 테니. 요새 차에서 자는 기사들이 꽤 있나 보군. 샤워실에서 씻고 트럭으로 들어가는 다른 기사를 보며 김기사는 하품을 했다. 별로 한 일도 없는데 피곤하네. 이제 좀 쉬자.

트럭 뒤쪽으로 간다.

"뒷문 좀 열어줘."

트럭 뒷문이 열리고 계단이 내려온다.

"침대랑 세트도 내려줘."

천장에 매달려 있던 침대가 내려오고, 쿠션에 바람이 들어가 부푼다. 반대편 벽에 롤러블 TV도 따라 내려왔다.

"할머니!"라고 하니 화면에 전화 거는 아이콘이 보이다가 할머니가 나타난다.

"오, 기사구나. 어디야? 집?"

"응. 오늘 처음 이사 와서 좀 어수선하지만 어쨌건 집."

"내가 가봐야 하는 건데."

"아냐. 거기서 여기가 어딘데. 몸은 좀 어때요?"

"응, 괜찮아. 여기 오고 나선 크게 불편하진 않네."

"다행이다. 전에 말했던 것처럼 택배회사에 취업했어요. 당분간은 한 달에 한 번 정도밖에 가보지 못할 것 같아서. 미안."

"아이고, 한 달에 한 번이 뭐야. 몸도 고달플 텐데 주말엔 그냥 쉬어. 가끔 이렇게 영상통화만 해도 돼."

다른 할머니가 지나가면서 한마디 한다.

"아이고, 손준가 보네. 인물이 훤하네."

당분간 차에서 생활한다는 이야긴 하지 않았다.

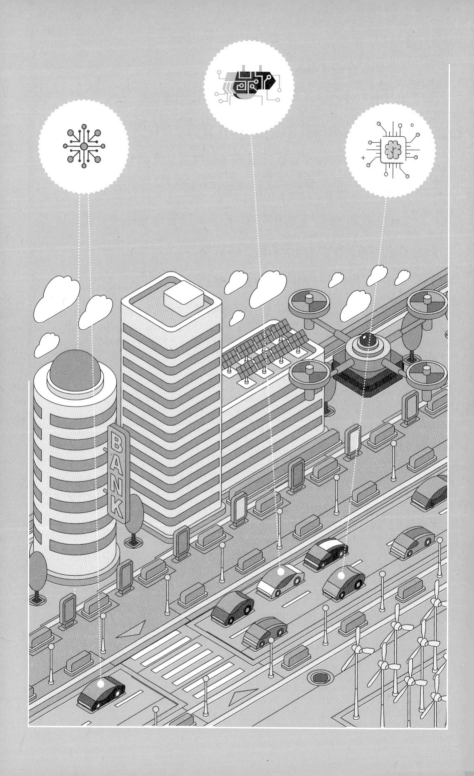

자율주행

지금, 자율주행

자율주행 기술은 크게 다섯 단계로 나뉘는데요.

'레벨 0'은 우리가 지금 운전하는 것처럼 사람이 브레이크, 액셀, 핸들을 모두 직접 조작합니다. 자율주행 기술이 전혀 들어가 있지 않은 거죠.

'레벨 1'은 운전자 지원인데, 예를 들어 차선유지 보조 시스템이 핸들을 살짝 돌려준다거나, 크루즈 컨트롤cruise control(가속 페달을 밟지 않아도 지정된 속도로 주행하는 기능)이 속도를 일정하게 유지해주는 정도입니다. 사람이 계속 운전은 하고요.

'레벨 2'는 부분 자동화 단계인데, 차선 유지와 속도 조절을 자동차가 합니다. 하지만 신호등을 인지해 멈추거나 돌발 상황에 대처하는 건 운전자의 몫이에요.

'레벨 3'은 조건부 자동화로, 고속도로 주행 중에는 운전자가 잠시 쉴 수 있습니다. 차가 알아서 차선을 바꾸고 속도를 조절하죠. 하지만 터널 진입 같은 복잡한 상황에선 사람이 운전해야 합니다. 아우디 A8의 트래픽 잼 파일럿 같은 것이 여기에 해당해요.

'레벨 4'는 고도 자동화 단계로, 특정 지역 내에서는 차가 스스로 주행할 수 있어요. 운전자가 전혀 관여하지 않아도 되는 거죠. 다만 모든 도로에서 완벽하게 작동하진 않아요. 현대자동차 아이오닉5 로보택시가 이 레벨에 도달해 있습니다.

'레벨 5'는 완전 자동화예요. 어떤 도로 환경에서든 운전자 개입 없이 차가 100% 알아서 주행하는 거죠. 현재 상용화되진 않고 시범 운행만 되고 있습니다.

요즘 나오는 자율주행 자동차는 레벨 3, 레벨 4 정도를 부분적으로 쓰고 있습니다. 레벨 5는 시범 운영하면서 기술을 쌓아가는 중이고요.

정부는 2027년까지 레벨 4 자율주행 상용화를 목표로 "자율주행차 상용화 촉진 전략"을 수립했습니다. 현대차, 기아차 같은 기업들도 자율주행 기술 확보에 적극적으로 나서고 있죠. 자율주행 전용 테스트 도로와 연구소를 만들고, 고도화된 센서와 인공지능 기술 개발에 투자 중입니다.

삼성전자 역시 전자동화 전장 기술을 바탕으로 자율주행 분야에서 역량을 발휘하려 하고 있어요. 또 주요 대학과 연구소에서도 자율주행의 핵심 기술인 인공지능, 센서, 통신 등을 연구하고 있지요. KAIST나 서울대학이 대표적 예시라고 할 수 있겠죠.

이렇게 국내에서도 완전자율주행 기술 확보를 위해 정부 주도로 기업과 학계가 협력하는 생태계를 구축해 나가는 중입니다. 다만 아직 기술적 한계뿐만 아니라 사회적 합의와 정책 정비도 필요해서 레벨 5 완전자율주행이 상용화될 때까지는 좀 더 시간이 걸릴 것으로 예상합니다.

10년 후, 완전자율주행

쟁점 1

인공지능을 활용한 학습을 통해 자율주행 성능도 점차 좋아질 것이고, 이론적으로 2030년대에는 레벨 5의 완전자율주행이 가능할 것으로 보는 전문가들이 있습니다. 하지만 이는 어디까지나 이론적인 것이고 실제로 적용되기는 힘들 것으로 예상하는 이들도 많아요. 특히 이면도로처럼 사람과 자동차, 자전거, 오토바이, 킥보드 등이 같이 다니는 길에서 완전자율주행을 시행하기란 쉽지 않습니다.

법적 책임 문제도 있습니다. 자율주행 자동차가 사고를 내는 경우 법적 책임을 누가 질 것인가에 대한 것이죠. 자동차에 탑승한 사람은 운전에 전혀 관여하지 않았으니 책임이 없다고 하겠죠. 차량 소유자 또한 기능에 문제가 없도록 자동차 관리를 제대로 했다면 책임이 없다고 할 것입니다. 그렇다면 자동차 제조업체가 사고의 책임을 질 수밖에 없지요. 하지만 이런 경우 자율주행 자동차의 어떤 결함 때문에 사고가 났는지를 확인하기가 쉽지 않을 거예요. 또 자동차 판매업체가 사고에 대해 배상해야 한다면 판매업체 또한 이를 대비하는 보험을 들게 될 것이고, 이에 따라 자연히 차량 가격도 올라가겠죠.

'피할 수 없는 상황'에 대한 문제가 있습니다. 가령 주행 중 앞에서 자동차가 역주행해 와 충돌하는 경우 같은 것이죠. 이때 자동차를 옆으로 틀어 피하려면 주변에 있는 다른 차나 사람을 치게 됩니다. 이런 경우 어떤 대처를 해야 하는지에 관한 판단을 과연 자율주행 차량에 맡길 수 있느냐는 것이죠.

그리고 이런 경우 자동차에 탑승한 사람을 최우선으로 보호하는 것이 옳은 일인지 아니면 주변에 주는 피해를 최소화하는 것이 더 옳은 것인지에 대해선 윤리적 문제도 있고 법적 문제도 있지요. 지금도 이에 대해 많은 논쟁이 있는데, 이는 기술로 극복할 수 없기 때문에 완전자율주행이 가능해져도 여전히 문제로 남을 수밖에 없습니다. 물론 이것은 자율주행 자동차만이 아니라 인간이 운전하는 경우도 마찬가지이기는 합니다.

완전자율주행이 가능하다는 주장도 있습니다. 이들은 AI, 센서, 통신 기술이 발전하면 모든 주행 환경을 인식하고 대응하는 것이 가능하다는 입장이에요. 또 빅데이터를 기반으로 한 학습으로 인공지능이 인간 수준을 넘어서는 운전 능력을 갖출 거라고 이야기합니다. 이와 함께 스마트 도로 등 인프라^{Infra}(사회적 생산 기반을 뜻하는 Infrastructure의 줄임말)와 제도적 기반이 갖춰지면 완전자율주행이 가능해지고, 이렇게 되면 교통 체증이나 사고 등의 문제를 근본적으로 해결할 수 있다고 주장합니다.

자율주행 자동차가 늘어나면 인간이 운전에서 완전히 손을 떼야 하는 경우가 생길 수도 있습니다. 시뮬레이션에 따르면, 자율주행 자동차만 운전하는 경우 자동차 사고가 비약적으로 낮아질 수 있다고 해요. 어떤 이들은 사고가 100분의 1로 줄어들 것이라고 예상합니다. 현재 매년 2천 명이 넘는 사람이 교통사고로 사망하는데, 이를 20명 수준으로 줄일 수 있다는 거죠. 하지만 반대로 자율주행 차량에 운전을 맡길지 자신이 직접 운전할지는 개인 판단에 맡겨야 한다는 주장도 있습니다. 개인의 자유라는 것이죠.

여러분은 어느 편에 표를 던지겠습니까?

2장

로봇을
구독하다

"근데 주인, 내 이름 좀 지어주는 게 어때?"

"응?"

"계속 너, 너, 너, 이렇게 불리니까 내 이름이 너인 거 같아서 말야."

"그 말이 맞긴 하네. 이름이 있는 게 좋겠어. 근데 전 주인이 지어준 이름 없어?"

"아, 사연이 길다. 기억하기 싫은 어두운 심연을 보는 것 같아. 그냥 주인이 새 이름을 하나 지어줘."

김기사는 핸들 위에 놓은 손가락을 톡톡 치며 잠시 고민에 빠진다. 이 시건방진 인공지능 이름으로 뭐가 좋을까? 생각에 잠긴 사이 트럭이 섰다. 다음 목적지다. 짐은 생수 두 상자. 또 생수군. 2리터짜리 생수 열두 개를 묶은 짐은 무지하게 무겁다. 그게 두 개. 요새 부쩍 생수 배달이 늘었다고 여겨지는 건 그만큼 싫기 때문이기도 하다.

생수 두 상자를 문 옆에 두고 사진을 찍어 전송한 뒤 서둘러 돌아와 운전석에 앉는다. 손을 핸들 위에 올리고 말한다.

"음... 트인 어때?"

"트인? 뭔가 내가 확 트인 인공지능이 된 것 같고 기분이 막 좋아지긴 뭐가 좋아져? 트럭 인공지능 줄여서 트인이라고 하는 거지?"

"흐흐 확실히 똑똑한 인공지능이군. 그래도 어감이 좋잖아? 뭔가 트인 것 같고 말야. 내 머리로 이것보다 더 좋은 건 생각하기 힘들어. 지금 바쁘기도 하고."

인공지능과 말을 주고받는 사이 다시 차가 섰다. 이 녀석 나랑 말하면서도 할 건 다 하는군. 속으로 감탄하면서 뒷문을 여니 다시 생수다. 또 두 상자. 사실 알고 있지만 싫은 건 되도록 눈앞에 닥치기 전까지는 까먹고 있는 편이다.

"아이고 허리야, 생수 때문에 죽겠네."

운전석에 앉았지만 손을 핸들 위에 대진 않는다. 잠시 쉬고 싶다.

"주인, 로봇을 구독하는 건 어때?"

"로봇? 아, 배달 보조 로봇? 그거 구독도 되나?"

"한 달에 30만 원이면 쓸 만한 중고 구독이 되더라고."

"30만 원이라. 내가 한 달에 버는 돈이 대충 300만 원인데 10분의 1이 날아가는 거네."

"그래도 보조 로봇이 있으면 생수 상자처럼 무거운 것도 들게 하고, 또 배달이 쉬워지니 구역을 늘릴 수도 있어. 다른 택배 인공지능들에게 물어보니까 수입이 한 50만 원 이상 늘어난다더군."

"호오 그래? 보조 로봇이라. 그런데 보조 로봇이 혼자 배달할 순 없지, 규정상?"

"그렇긴 한데 주인 눈에 보이는 곳에선 움직일 수 있어. 같은 건물 1층하고 2층에 배달 물품이 있으면 2층을 로봇에게 시키고 주인은 1층에서 지켜보면 돼. 그리고 로봇에게 물건을 많이 들고 오게 하면 차로 다시 돌아왔다가 가는 시간이 절약되기도 하고. 방금 인터넷에서 검색해봤더니 쓰는 사람들은 다들 좋다고 하네. 일단 생수나 쌀 포대 같은 무거운 '똥짐' 안 드는 것만 해도 살 것 같대. 주인도 보니까 힘 별로 쓰지 못하던데, 하나 하지 그래? 허약한 몸으로 괜히 고집부리지 말고."

"야, 내가 허약한 게 아니라 짐이 너무 무거운 거거든."

"그게 그거지 뭐. 그리고 힘 좀 쓴다고 해도 그런 건 로봇한테 맡기는 게 맞아. 인간이 그런 짐 지라고 진화한 건 아니거든."

"그렇겠지? 한 달 30만 원이라, 나쁘지 않은데."

기사는 다시 핸들 위에 손을 올렸다.

결국 그날 생수만 열 상자를 배달하면서 기사는 로봇을 구독하기로 결심했다. 일을 마치고 씻고 오니 그새 트인이 찾아봤는지 괜찮은 걸 추천한다.

"내가 이래 봬도 인맥이 상당하거든. 다른 택배 트럭 인공지능하고 이야기해봤더니 망고로봇에서 나온 ZE-100제품이 제일 났다고 해. 생긴 건 깡말라 보여도 힘이 좋다더라고. 거기다 등에 짐을 잔뜩 지고도 균형감각이 좋아 누가 발로 차도 넘어지지 않는다더라."

"아니 로봇을 누가 발로 차?"

"이상한 사람 많다. 주인이 아직 세상을 많이 살아보지 않아서 그런데 술 마시고 괜히 지나가는 로봇한테 시비 거는 사람이 얼마나 많은데. 또 일부러 넘어지고 로봇한테 책임지라는 녀석들도 있어."

"세상 참 별 희한한 사람 많네."

"어쨌거나 보증금 1천만 원에 월 30만 원이면 한 4년차 되는 로봇 하나 구독할 수 있어. 주인, 완전 신세계를 경험할 거야. 나만 믿어."

그렇게 나는 로봇을 구독했고, 트인의 예를 따라 이름을 '배보'라 지었다. 다들 예상하는 것처럼 '배달 보조 로봇'의 줄임말이다.

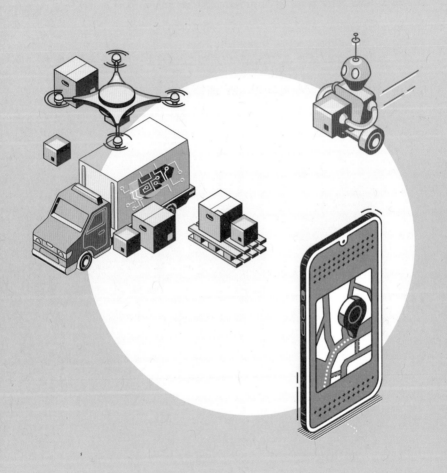

협동 로봇

지금, 사람과 함께 일하는 협동 로봇

협동 로봇collaborative robot은 기존 로봇과 달리 사람과 함께 작업할 수 있게 설계된 로봇입니다. 예전에는 안전 문제 때문에 로봇과 사람의 작업 공간이 분리되어 있었습니다. 하지만 협동 로봇은 사람과 같은 공간에서 일하면서 상호작용할 수 있지요. 지금은 주로 공장이나 물류센터 같은 곳에서 시범적으로 쓰이고 있어요.

협동 로봇의 주요 특징은 다음과 같습니다.

● 안전성: 충돌 감지 센서가 있어서 부딪힐 위험이 적고,
　작업할 때 힘을 약하게 해서 사람과 충돌해도 안전합니다.
● 유연성: 프로그램을 쉽게 바꿀 수 있어 여러 작업에 활용할 수
　있습니다.

● 이동성: 고정식이 아니고 이동식이라 작업 장소를 자유롭게 옮길 수 있습니다.

인력난과 작업 효율 향상 등의 이유로 협동 로봇 수요는 점점 늘고 있습니다. 인공지능과 센서 기술 등이 발전하면서 협동 로봇은 더 다양한 분야에서 활용될 것입니다.

우리나라의 경우 현대차와 기아차 등 완성차 업체와 부품사들이 차체 조립, 용접, 물류 등에 협동 로봇을 활용하고 있습니다. 특히 야간에는 인력이 부족해 협동 로봇 쓰임새가 큽니다. 삼성전자, LG전자 같은 대기업은 스마트폰과 TV 생산라인에서 협동 로봇에게 작은 부품 옮기기, 조립, 검사 등을 맡기고 있죠. 식품·화학·금속 가공 등 여러 분야에서도 협동 로봇을 현장에 투입하고 있고요. 경기도 안산시의 한 중소 화학업체는 협동 로봇 덕분에 유해 화학물질 취급이 한결 수월해졌다고 해요.

협동 로봇은 서비스 분야에서도 점차 자리를 잡아가고 있어요. 서울의 한 호텔은 객실에 어메니티^{amenity}(호텔이 제공하는 각종 욕실용품과 소모품)를 전달하는 로봇을 도입했고, 일부 프랜차이즈 카페에서는 로봇 바리스타가 커피를 만들기도 합니다. 또 인천공항이나 코엑스 같은 다중 시설에는 안내 로봇이 배치되어 고객 문의에 응대하고 있습니다.

이렇게 국내 제조업체들은 인력난 해소, 노동 강도 완화, 작업 효율성 향상 등을 위해 협동 로봇을 점점 더 많이 도입하는 추세입니다. 서비스 기업들도 업무 자동화와 고객 편의성 향상을 위해 협동 로봇 활용에 적극적이고요. 정부도 중소기업 대상 협동 로봇 보급 지원 사업을 펼치는 등 관심을 기울이고 있답니다.

10년 후, 로봇과의 협업

로봇과 사람이 함께 일하는 것은 이미 현실이 되었습니다. 지금은 로봇이 공장에서 가장 많이 쓰이고 있지만 최근 추세를 보면 서비스 분야에서 로봇 활용이 더 빠르게 증가하고 있습니다. 우리 주변에서 로봇과 마주칠 일이 많아지고 있죠. 앞으로는 일상 곳곳에서 사람과 로봇이 함께 손발을 맞추는 일이 더욱 늘어나 자연스러운 풍경이 될지도 모르겠네요.

다만 이 과정에서 몇 가지 문제가 예상됩니다. 우선 로봇에 의한 사고 위험이에요. 로봇 자체의 고장은 제외하더라도 함께 일하는 사람이 다치게 되면 심각한 문제가 되겠죠. 특히 로봇의 오작동이나 해킹 등으로 인한 사고는 사람이 아무리 조심해도 막기 힘듭니다. 길을 걷다 넘어지면 대수롭지 않지만 교통사고는 심각한 피해를 줄 수 있듯이 말이죠. 로봇과의 협업이 큰 위험을 불러올 수 있는 만큼 이에 대한 대책 마련이 시급해 보입니다.

두 번째 문제는 복잡한 작업에 로봇을 적용하기가 쉽지 않다는 거예요. 인간과 로봇 간 원활한 소통이 어렵다는 점도 한 원인이 되겠죠. 이는 인간과 로봇 모두에게 해당하는 문제입니다. 사람 사이에서도 복잡한 작업은 오랜 시간 호흡을 맞추지 않으면 소통이 어려운데, 로봇은 더할 수밖에 없겠죠. 로봇이 사람과 작업하는 방법을 익히듯, 사람도 로봇과 작업하는 방법을 배워야 할 수도 있습니다.

세 번째 문제는 로봇에 대한 해킹 위험입니다. 로봇이 어느 정도 자율성을 갖고 일하려면 자체 인공지능뿐 아니라 외부 네트워크 연결도 필수적인데요. 이 과정에서 해킹당할 위험이 항상 존재합니다.

네 번째 문제는 로봇에 탑재된 AI의 편향과 환각입니다. 지금의 AI는 성차별이나 인종차별 등 좋지 못한 편견을 보이기도 하죠. 만약 로봇의 AI에서 이런 문제가 나타난다면 어떨까요? AI의 환각, 즉 거짓말도 걱정되는 부분이에요. 세종대왕이 거북선을 만들었다는 식의 허무맹랑한 이야기를 하는 거죠. 지금은 웃어넘길 수 있지만 실제 로봇의 AI가 이런 증상을 보인다면 심각한 문제가 될 수 있습니다.

하지만 이런 우려에도 불구하고 우리는 결국 협동 로봇과 함께 일할 수밖에 없을 거예요. 인력 부족 문제를 해결하고 작업 효율성과 정확도를 높이기 위해서는 로봇의 도움이 필수적이거든요. 위험한 작업환경에서 사람을 대신할 로봇 노동력도 점점 더 필요해질 것입니다. 게다가 고령화 시대를 맞아 돌봄과 의료 분야에서 로봇의 역할이 커질 수밖에 없습니다. 노인 인구가 증가하면서 생기는 사회적 수요를 감당하려면 결국 로봇의 손을 빌려야 하니까요.

협동 로봇이 가장 먼저 도입되어야 할 분야는
어디일까요?

3장

보통의 날

우기가 시작되었다. 종일 비가 내렸고, 일주일 내내 비가 내렸고, 한 달에 스무닷새를 내리는 비가 두 달 넘어 이어졌다. 기사가 농담 삼아 비도 주 52시간 노동을 지켜야 한다고 하자 옆에 있던 진구가 한마디 거든다.

"비도 우리처럼 비정규직인가 보네. 내가 젊었을 적엔 장마라고 해도 보름 정도면 끝이었는데 언제부턴가 여름 석 달 내내 비가 오네. 아주 찝찝해 죽겠어."

"아이고, 네가 젊을 적이라 해봤자 10년 전이잖아. 아직 20대가 뭔 예순도 넘은 사람처럼 말하고그래."

물류센터 앞 차양이 쳐진 빈터에 막 식사를 끝낸 사내 둘이 엉거주춤 앉아 차양 밖으로 쉼 없이 내리는 비를 보고 있다.

"근데 너 이번에 보조 로봇 장만했다며?"

"응, 보증금 천만 원에 매달 30만 원씩 내야 해. 한 보름 해보니까 하루에 30개는 더 돌리더라."

"하루에 30개? 그럼 하루 2만 4천 원. 한 달이면 24만 원 곱하기 3이니 72만 원. 거기서 쉬는 날 5일 12만 원 빼면 60만 원, 한 달에 30만 원 더 벌라고?"

"돈이 문제가 아냐. 그놈에게 짐을 맡기니 내 허리가 좀 살더라."

"아, 허리? 그래 이제 괜찮아?"

"전보다야 훨씬 낫지. 일단 생수 같은 똥짐은 다 로봇한테 맡기니까."

택배 트럭 인공지능 트인이 배달 동선을 다 짜주기 때문에 기사는 그저 물건을 내려서 배달만 하면 되는데 그마저 보조 로봇이 도와주니 일은 이전보다 덜 힘들다. 그런데 처리해야 할 물량이 늘었다.

택배 트럭은 대략 5년이면 바꿔야 하니 그 돈도 미리 모아야 하고, 보조 로봇 구독료도 나가고, 또 원룸이라도 구하려면 보증금을 모아야 하니 일을 더 하는 수밖에 없다. 로봇하고 같이 하지만 결국 일하는 시간은 언제나처럼 오전 7시에서 밤 10시까지 하루 열다섯 시간이 보통이다.

짧은 휴식 뒤에 기사는 다시 트럭에 올랐다. 기사가 운전석에 앉아 안전벨트를 매자 조수석에 앉은 배보가 말을 건다.

"이제 출발인가요?"

"그래. 물건 내릴 차례는 다 파악했지?"

"네, 오늘은 물량 302개를 쳐야 하더군요. 다 확인했습니다."

"좋아."

기사는 운전대에 손을 올렸다.

"헤이 트인. 출발."

"오케이."

전기 모터로 움직이는 트럭은 별다른 소리를 내지 않고 물류 센터를 빠져나와 도로로 진입한다.

기사는 속으로 셈을 해본다. 새 트럭 구입비 비축으로 한 달에 50만 원, 보조 로봇 월 구독료 30만 원, 할머니에게 드리는 용돈 월 15만 원, 잡다한 비용 한 50만 원. 식비 60만 원. 그러고 나서 내 손에 남는 건 100만 원. 심플하군. 언제 돈을 모아 원룸이라도 들어가나.

돈 계산을 하다 옛날 아버지 이야기를 떠올렸다. 아버지가 술 한잔 하면 말씀하시곤 했지.

"기사야, 너는 웬만하면 연애만 하고 결혼 같은 건 하지 마라. 결혼하면 그때부터 돈에 매여 사는 거다. 물론 너도 잘 벌고 네 처도 잘 벌면 신경 쓸 거 없지만, 그게 쉬운 일은 아니니까. 게다가 애비가 너한테 물려줄 것도 별로 없다. 좋은 사람이 생기면 한 3년 잘 살펴봐라. 이왕이면 같이 살아보는 것도 좋지. 사람은 시간을 두고 옆에서 잘 봐야 알 수 있다. 그렇게 한 3년 지나고도 결혼하고 싶으면 그때 해라. 그러고도 절대 애는 낳지 마라. 애 참 귀엽지. 하다못해 너도 어릴 땐 귀여웠다. 하지만 그 귀여운 거 보려고 애 낳으면 그때부터 최소한 20년 애 클 때까지 너랑 미래의 네 처는 생고생에 막고생을 다 하는 거다."

기사는 피식 웃었다. 20년은커녕 10년 조금 넘어서 돌아가셔 놓고. 배보가 기사를 돌아봤지만 그는 계속 생각에 잠겼다. 그땐 별 얘길 다 하신다고 생각했지. 근데 살다보니 다 맞는 이야기야. 지금 내 처지에 덜컥 결혼이라도 했으면 어쩔 뻔 했어.

차는 이제 우림 오거리로 접어들고 있었다. 시장을 끼고 우회전한 차는 이면도로로 들어섰다. 오늘의 첫 배달처였다. 차가 멈추고 기사와 배보가 내렸다. 옆문을 열자 배달할 상자들이 바로 보였다. 이 빌라에만 다섯 개를 배달해야 한다. 로봇이 자연스럽게 상자 네 개를 들었다. 기사는 달랑 하나. 로봇이 빌라 공동택배함에 다가서자 앞문이 열렸다. 로봇과 택배함이 서로를 확인한 것이다. 로봇이 기사가 든 상자까지 다섯 개를 호별로 정해진 택배함에 넣고 사진을 찍고 문을 닫았다. 방금 찍은 사진은 택배 받을 사람 휴대전화로 바로 전송된다.

사실 기사까지 내릴 필요도 없었다. 무인택배함에 넣는 건 로봇이 알아서 다 한다. 차에서 지켜보기만 해도 된다. 하지만 로봇 혼자 일을 하면 시비를 거는 이들이 간혹 있다. 괜히 발로 차보거나 상자를 뺏기도 한다. 기사가 배보 옆에 있는 이유다.

배보와 기사는 주변의 배달처 몇 곳을 분주히 오갔다. 다음은 2년 전에 세워진 아파트 단지다. 이곳에서는 속도가 좀 더 붙는다. 신축 아파트답게 동마다 무인택배함이 있어 일이 한결 수월하다. 시비 거는 이도 거의 없다. 그다음 장소도 아파트다. 세워진 지 거의 20년이 넘은 아파트지만 무인택배함이 있어 역시 일이 수월하다.

망우3동으로 넘어간다. 여긴 다세대 주택과 빌라가 섞여 있다. 무인택배함도 거의 없다. 지어진 지 50년은 족히 된 듯한 다세대 주택과 한 20년 넘은 빌라들이 좁은 골목을 사이에 두고 뒤섞여 있다. 배달하기 힘든 곳. 기사는 운전대에 앉아 로봇이 짐을 나르는 걸 곁눈질로 본다. 그사이 차는 다음 배달할 곳으로 먼저 간다. 여긴 도로가 좁고 주차 문제로 시비가 많아 되도록 차를 계속 움직이는 게 낫다. 기사가 내리지 않는 이유다.

사건은 21세기 초 롯데 자이언츠가 이기던 야구경기를 스스로 망쳤던 것처럼 우연히 그러나 자연스럽게 일어났다. 차가 길모퉁이를 도는데 고양이 한 마리가 갑자기 골목에서 튀어나왔다. 누군가 고양이에게 냅다 물을 부어버린 것이다. 기겁한 고양이가 황급히 골목을 빠져나올 때 기사의 차도 그곳을 지나고 있었다. 트인은 급하게 차를 멈췄다.

거기까지면 그저 가슴 한 번 쓸고 넘어갈 일이다. 마침 트럭 뒤를 따라오던 자전거가 있었다. 자전거를 탄 사내는 한 손에 든 휴대전화를 보면서 오느라 급정거한 트럭을 미처 보지 못했고, 부딪쳤다. 그나마 많이 다친 것 같지는 않았다. 손에 들고 있던 휴대전화 액정만 날아갔을 뿐이었다. 누가 봐도 자전거 잘못. 그러나 사내는 액정값이라도 받아내려고 실랑이를 벌였고, 결국 차량이 찍은 블랙박스 화면을 확인하고서야 투덜대며 자전거를 끌고 사라졌다.

그사이 겁먹은 고양이는 트럭 밑으로 들어가 숨었다. 기사가 핸들에 손을 얹자 트인이 말한다.

"차 아래 생물체가 있어. 아무래도 아까 그 고양이 같아. 적외

선 센서에 온도가 35도 정도로 나와. 뒷바퀴 사이에 있어. 확인해
봐."

기사는 차의 인공지능이 촬영한 동영상을 먼저 본다. 고양이
가 튀어나오다 차를 보고 나동그라진 뒤 차 밑으로 숨었다. 한숨
을 한 번 쉬고 차에서 내려 뒤로 돌아갔다. 고개를 낮추고 차 밑을
들여다보니 과연 고양이 한 마리가 잔뜩 웅크린 채 기사를 보고
하악질한다. 아직 다 크지 않은 녀석. 같이 내린 배보가 고양이를
향해 두 팔을 길게 뻗는다.

"조심해서 다뤄. 다치지 않게."

"예, 제 매뉴얼에 고양이나 개를 포획하는 방법도 있습니다. 걱
정하지 않으셔도 됩니다."

로봇이 이상한 소리를 내며 손가락으로 몸을 살짝살짝 만지자
잔뜩 곤두서서 하악질하던 고양이가 조금씩 누그러졌다. 로봇은
천천히 고양이를 꺼냈다.

로봇은 한 손으로 고양이를 안고 다른 손으로 머리를 쓰다듬
으며 말했다.

"어떻게 할까요? 그냥 길옆에 두고 출발할까요?"

그러자고 하려다 기사는 잠깐 멈칫했다. 방금도 사람한테 공
격을 받았단 말이지. 행색을 보니 길고양이 같은데 그냥 데려갈
까? 말도 안 되는 생각이 머리를 스쳤다. 아냐, 지금 내 신세에. 잠

깐, 그래도 고양이 한 마리 있으면 좋지 않을까? 그런데 매일 밖으로만 다니는데 돌보는 건 누가 하고. 아냐, 결혼도 안 할 건데. 그리고 연애라도 제대로 하겠어. 이참에 고양이라도 식구로 있는 게 어때? 혼자 자문자답을 하다 배보에게 물었다.

"너 고양이 아주 잘 다루던데 어떻게 된 거야?"

"고양이나 개 같은 반려동물을 다루는 건 택배 로봇에게 아주 기본적인 업무입니다. 다양한 상황에서 이들의 흥분을 가라앉히고 우호적 분위기를 만드는 법은 전문가 수준으로 숙달되어 있습니다."

"그럼 이 고양이를 차에 싣고 데리고 다녀도 되나?"

"아마 트인도 고양이 다루는 법을 알고 있을 겁니다. 우리가 차를 비운 사이에는 트인이 고양이를 다루도록 하면 될 겁니다. 아, 차 문은 확실히 닫아 둔다는 조건으로요."

"그래? 어이 트인, 너도 고양이 다룰 줄 알아?"

"당연한 걸 물어. 그런데 좀 귀찮지 않을까?"

기사는 로봇 손에 안겨 있는 고양이를 살짝 쓰다듬었다. 후, 돈이 없어 결혼도 안 하고 애도 없는데 이런 군식구를 챙기게 될 줄이야. 그래, 똑똑한 인공지능 둘하고 멍청한 둘하고 그렇게 넷이 한번 지내보자.

배달 로봇

지금, 배달 로봇

최근 로봇 서비스 분야에서 급부상하고 있는 것 중 하나가 바로 배달 로봇입니다. 미국의 스타십, 키위봇 같은 스타트업(신생 벤처기업)들이 배달 로봇 서비스를 선보이고 있고, 중국에서도 알리바바, 메이투안 등이 자체 배달 로봇을 개발했죠. 서울시도 2022년부터 은평구 일대에서 배달 로봇 실증 서비스를 하고 있습니다. 대략 3년 정도면 배달 로봇이 상용화될 것으로 예상합니다.

배달 로봇은 무인 자율주행으로 움직이면서 인도로 자유롭게 다닐 수 있어 배달 효율성을 높이고 비용도 줄일 수 있습니다. 또 인건비가 들지 않으니 배달비용을 줄일 수 있는 것도 장점이고, 24시간 내내 운행할 수 있으니 수요가 적은 심야 시간에도 배달이 가능합니다.

하지만 몇 가지 문제점도 지적되고 있어요.

첫째, 사람이 다니는 길이 더 혼잡해질 수 있습니다. 실제로 배달 로봇 실증 사업이 이루어졌던 미국 샌프란시스코에서는 배달 로봇들이 인도를 점령해 시민들의 불편을 초래한 사례가 있었어요. 길거리 곳곳에 배달 로봇이 널브러져 있어서 지나다니기 힘들 정도였대요.

둘째, 사고 위험과 안전성 문제입니다. 배달 로봇이 보행자와 부딪치거나 계단에서 굴러떨어지는 사고가 종종 일어나고 있거든요. 중국에서는 음식을 배달하던 로봇이 어린이와 충돌해 다치게 한 일도 있었어요.

셋째, 범죄 위험과 배달품 보안 문제도 있습니다. 배달 로봇이 도난당하거나 해킹되는 사례가 보고되고 있죠. 영국에서는 배달 로봇을 훔쳐 달아나는 장면이 CCTV에 포착되기도 했습니다. 거기다 로봇이 운반하는 물건의 안전을 어떻게 지킬 것인지도 문제입니다.

마지막으로 일자리 대체 가능성도 걱정입니다. 배달 로봇이 늘어나면 배달원들의 일자리가 줄어들 수밖에 없겠죠?

10년 후, 배달 로봇의 완전자율주행

배달 로봇의 완전자율주행에 대해 찬반 양쪽 입장을 살펴볼게요.

찬성 측에서는 이런 점을 내세웁니다.

AI, 센서, 통신 기술의 발달로 로봇이 주변 환경을 완벽하게 인식하고 대응할 수 있게 될 것이라고 봅니다. 제한된 배달 구역에서 저속으로 주행하니 자율주행이 비교적 쉽고 안전하다는 거죠. 완전자율주행만 구현

된다면 배달비 절감, 서비스 혁신도 가능할 거라 기대합니다.

반대로 우려의 목소리도 만만찮습니다.

복잡한 보행 환경에서 돌발 상황에 대처하기 힘들고, 기술 결함으로 인한 안전사고 위험이 있습니다. 또 비용 대비 운영 효율이 낮아 상업성이 부족하다는 지적도 나옵니다. 보행자나 차량의 혼잡을 더 부추길 수 있고, 기술적 완성도가 떨어져 당분간은 인력 배달과 병행해야 할 거라는 견해도 있습니다.

완전자율주행이 실현된다면 장점도 상당할 것 같습니다.

일단 소비자 편의성이 획기적으로 높아질 것입니다. 로봇이 24시간 아무 때나 신속하게 배달할 수 있으니까요. 인건비가 크게 절감되면서 가격 경쟁력과 수익성도 개선되겠죠. 배달 과정의 인적 사고 위험도 줄어들 겁니다. 로봇산업 분야의 새 일자리가 생겨나는 등 관련 생태계도 커질 테고요. 고령자나 취약계층의 생활 편의가 높아지는 등 사회적 기여 효과도 기대됩니다. 거동이 불편한 사람들이 저렴한 비용으로 배달을 시킬 수 있을 테니까요. 자율주행 기술 발전을 통해 4차 산업혁명을 선도하고 미래에 대응하는 계기가 될 수 있겠죠.

하지만 부작용에 대한 대비도 필요해 보입니다.

기술적 한계나 해킹으로 인한 안전사고가 걱정되고, 사고 책임 소재를 둘러싼 법적 공방도 예상됩니다. 로봇이 인간의 일자리를 대거 대체하면서 실업 문제가 불거질 수도 있고요. 관련 법규나 규제, 윤리 기준이 아직 미흡한 점도 해결 과제입니다. 비대면 사회로의 급격한 이행이 인간 소외나 단절을 초래할 수도 있어 보입니다. 기술 고도화를 위한 막대한 투자도 부담으로 작용할 수 있고요.

배달 로봇의 완전자율주행은
곧 다가올 미래입니다. 이에 대해
어떤 대책들이 필요하다고 생각하나요?

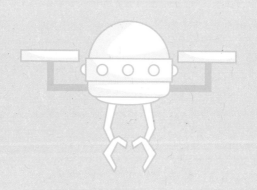

로봇이 부러워!

오랜만이다. 종각역 5번 출구 앞에서 지수를 만나 근처 햄버거 가게로 들어갔다. 문을 지날 때 에어샤워가 온몸의 먼지며 세균을 제거한다. 문 양옆의 붉은 선은 자외선 온도계. 아무 말이 없는 걸 보니 괜찮은가보다. 오랜만의 햄버거 가게 풍경이 바뀌어 있었다. 테이블 간격이 넓어졌고 그 사이를 에어커튼이 나누고 있었다. 이 가게만의 풍경은 아니다. 걸핏하면 감염병이 나타나 도심의 음식점들 풍경도 바뀌었다. 물론 기사나 지수가 사는 변두리는 아직 여전한 곳이 많지만.

자리에 앉자마자 탁자 한쪽에 세워진 태블릿 메뉴판에서 햄버거 두 개와 감자튀김 그리고 콜라 두 잔을 주문한다. 결제도 태블릿 한쪽에 휴대전화를 가져다 대니 끝이다. 얼마 있지 않아 서빙 로봇이 다가왔다.

"햄버거 두 개, 콜라 두 잔, 감자튀김 시키셨지요?"

로봇이 주문을 확인하고 햄버거와 콜라가 든 쟁반을 기사와 지수 앞에 놓는다. 감자튀김은 가운데 둔다.

"그럼 맛있게 드십시오. 추가 주문이 필요하면 탁자 위 메뉴판으로 주문 부탁드립니다."

"예의도 바른 로봇이군. 내 트럭 인공지능이랑은 딴판이네. 참, 지수 너 갈 곳은 정했냐?"

햄버거 포장을 벗기며 기사가 묻는다.

"어딜, 오라는 데가 있어야 가지. 실업수당 나오는 동안 어디라도 알아봐야 하는데 쉽지 않네. 아파트 경비원으로라도 가려는데, 요샌 다 무인 경비잖아."

"너 전에 건설 쪽 알아본다지 않았냐?"

기사가 햄버거를 한입 물며 물었다.

지수도 햄버거를 한입 물며 고개를 저었다.

"말도 마. 거기도 난리야. 3D 프린트로 집 짓는 기계가 새로 들어왔는데, 이게 완전 요물이야. 보통 빌라 하나 짓는 데 빠르면 4개월 정도 걸렸거든. 그런데 얘가 들어오면서 사정이 완전히 달라졌어. 기초공사 끝나면 철근하고 콘크리트 공사를 하는데, 원래는 이게 가장 시간을 많이 잡아먹어. 그런데 얘가 혼자서 그걸 다 해. 혼자 24시간 가동하면서 바닥이며 벽을 다 만들어버려. 거기다 벽 가운데 단열재도 얘가 다 넣어. 그뿐인 줄 알아? 건물 외장 공사도 로봇이 다 해. 오르락내리락하면서 시멘트 칠도 하고 타일도 붙이고. 건물 네 면에 로봇 한 대씩 설치하면 하루에 끝나. 비계(높은 곳에서 공사할 수 있게 임시로 설치한 가설물)도 필요가 없어. 그러니 빌라 하나 짓는 데 한 달이면 끝이야. 기초도 터 파기(건물을 새로 짓기 위해 대지를 정리한 뒤 땅을 파내는 일) 끝나면 로봇이 반쯤 일을 해버리니 사람 쓸 일이 전에 비해 절반도 안 돼. 거기도 인테리어하는 기술자들이랑 배관하는 애들 빼곤 다들 일 없다고 난리야."

"에효, 참 살기 힘들다. 그나저나 너 양희 씨랑은 잘 되고 있어?"

"응. 이제 둘이 있을 땐 마스크도 벗는 사이야."

"오호 그럼 결혼?"

"당장 결혼식은 못할 것 같고 살림을 합치려고. 내 딸이 네 살이고 양희 씨 딸이 초1이야. 둘이 같이 지내면 혼자 있는 것보다 나을 것도 같고. 또 둘이 각자 사는 것보다 같이 있으면 버티기도 좀 쉽고. 양희 씨는 그래도 아직 회사 잘 다니니까. 그런데 케어 로봇을 한 대 구해야겠어. 애들이 학교를 일주일에 사흘밖에 안 나가잖아. 나머지 날에 애들 온라인 교육하는 것도 좀 봐주고 먹을 것도 챙기고 하려면 아무래도 로봇이 하나 필요해."

"어차피 백수인데 네가 좀 보지?"

기사가 콜라를 한 모금 마시며 말했다.

"야야 아니다. 어떻게든 일을 구해야지. 그리고 코딩교육도 한 번 받아보려고. 될까 모르겠다만 어떻게든 잡아봐야지. 코딩교육 받는 동안 월 100만 원씩 수당도 나오고."

"로봇은 얼마나 하는데?"

"월 30만 원."

"야, 세다. 내 택배 보조 로봇하고 같네."

"뭐 어쩌겠어. 그래도 요새 재택 알바를 하니 그 정도는 괜찮아."

"알바? 무슨 일인데?"

"인공지능 라벨링."

"아, 나도 얘긴 들었어. 요새 그거 하는 사람들 꽤 있더라."

"우리 엄마가 20년 전에 인형 눈 붙였다는 거 아니냐. 너 우리 집에 놀러 왔을 때 엄마가 붙이던 그 인형 눈 기억나?"

"하하 맞다 맞아. 그랬었지."

기사가 중학교 다닐 때였다. 지수 집에 가끔 놀러 가면 거실에서 지수 어머니가 동네 아주머니들과 둘러앉아 인형 눈을 붙이고 있었다.

"인형 눈 붙이던 엄마 아들은 이제 라벨링을 한다고 참. 그나마 우리나라 인공지능 라벨링이 한글을 쓸 수 있는 사람들만 가능한 작업이라 중국이나 인도로 내보낼 수 없어서 내가 하는 거지. 그런데 들리는 말로는 인공지능이 라벨링을 한다니 이 일도 얼마 가지 않아 사라질 거 같아. 뭐 나도 오래 할 건 아니고 일자리 구해지면 그만둬야지. 사실 지방에는 일자리가 좀 있는데 양희 씨랑 살림 합치고 바로 떨어져 살기도 그렇잖아. 그래서 당분간 서울에서 일자리 알아보고 코딩교육도 받고 그러려고. 교육이 6개월이니까 그 뒤에도 일자리가 없으면 경기도 공장으로 가야지."

햄버거를 다 먹고 콜라를 마시는데 로봇이 쪼르르 달려왔다.

"뭐 필요한 거 없으세요?"

기사가 빙긋 웃으며 말한다.

"로봇아, 너도 너무 열심히 일하지 마라. 얘가 실업자 된 것처럼 너도 언제 일이 사라질지 몰라."

지수도 웃으며 한마디 거든다.

"야야, 난 저 로봇이 부럽다. 열심히 할 일이 있잖아. 백수는 아니잖아."

로봇과 실직

지금, 로봇에게 뺏긴 일자리

로봇이 사람 대신 하는 일이 점점 늘어나고 있습니다. 제조업 분야를 보면 자동차 공장에서 로봇이 조립, 용접, 페인트 작업을 하는 건 이제 흔한 일이 됐어요. 현대자동차 울산공장에는 1500대가 넘는 로봇이 일하고 있습니다. 전자제품이나 반도체 공장에서도 로봇이 사람 역할을 많이 대체하고 있죠. 우리나라는 전 세계에서 로봇밀도가 가장 높은 나라입니다. 노동자 1만 명당 1천 대가 넘습니다. 즉 노동자 열 명당 로봇 한 대가 있는 거죠. 전 세계 평균의 7배가 넘습니다.

물류창고나 택배 일도 로봇 영역으로 넘어가는 중이에요. 쿠팡 물류센터 같은 데서는 무인 운반 로봇 AGV가 물건을 실어 나르고 있어요. 물류 로봇은 매년 16% 이상 증가하고 있습니다.

사무실 업무도 로봇이 대신하는 분야가 늘고 있어요. 데이터 입력이

나 문서 정리 같은 일은 RPA^{Robotic Process Automation} 로봇이 알아서 처리해버리거든요. 회계나 경리, 생산관리 분야는 대량으로 단순 반복하는 사무 업무가 많은데, RPA는 이를 대신하는 소프트웨어 로봇이에요.

고객 응대나 콜센터 업무도 AI가 사람 역할을 대신하고 있습니다. LG전자 같은 경우 AI 챗봇 '클로이'를 활용해 상담사 업무를 효율화하고 있습니다. 이 또한 실체가 없지만 일종의 소프트웨어 로봇이라고 볼 수 있지요.

회계사나 변호사 일도 인공지능 영역으로 넘어가고 있어요. 복잡한 재무분석이나 소송서류 작성 같은 건 AI가 사람보다 더 잘 해내는 시대가 왔거든요. 미국에서 인공지능 '로긱스'가 20개 로펌 변호사들과 계약서 검토 대결을 했는데 결과는 AI의 압승이었대요.

의료 분야에서도 AI와 로봇의 역할이 커지고 있습니다. IBM 인공지능 '왓슨'은 의사보다 더 정확한 암 진단을 내놓고 있고, 일본에는 처방전에 맞춰 약을 조제해주는 로봇 약사 '히고'도 있어요. 또 수술을 진행하는 '다빈치'라는 로봇도 일반 병원에서 일하고 있습니다.

서비스업에서도 로봇이 사람 역할을 대체해나가는 중이에요. 서빙 로봇은 벌써 우리나라에만 1만 대 정도가 보급되었습니다. 조리하는 로봇도 늘고 있지요. 붕어빵 굽는 로봇, 햄버거 패티 굽는 로봇, 피자 굽는 로봇도 이미 등장했어요. 병원에서 환자를 옮기거나 바닥을 닦는 로봇도 곧 상용화될 예정입니다.

10년 후, 로봇 사회

로봇과 인공지능 기술이 고도로 발전한 약 10년 후 상황을 가정해보면, 지금과는 또 다른 차원의 문제들이 대두될 것으로 예측됩니다.

제조업 분야는 공정 대부분이 로봇으로 자동화되어 생산성은 크게 향상되겠지만 그로 인한 실업 문제가 더욱 커질 수 있습니다. 단순 반복 작업만이 아니라 숙련공의 일도 로봇이 대신하게 되면서 숙련공 등 전문 인력의 일자리도 위협받을 수 있습니다.

물류나 운송 분야에서도 무인 배송 시스템이 고도화되고 드론이 상용화되면서 관련 일자리가 대거 사라질 것으로 보입니다. 여기에 자율주행 트럭까지 도입되면 장거리 운송 기사들의 일자리도 위태로워질 거예요.

서비스업 분야를 보면, 단순 응대뿐 아니라 상담이나 판매 등 좀 더 복잡한 업무까지 AI가 처리하게 될 텐데요. 감정 인식, 상황 판단 능력을 갖춘 로봇이 서비스 산업에 투입되면서 사람과 구분하기 어려울 정도의 수준 높은 서비스를 제공할 것입니다. 음식점의 경우 조리도 로봇이 하고 설거지와 서빙도 로봇이 하게 되면, 기존에 열 명 정도가 일하던 식당을 서너 명으로 충분히 운영할 수 있습니다. 또 의류나 신발, 액세서리 판매업 경우도 인공지능을 갖춘 로봇이 직접 제품을 골라주고, 매장 진열과 포장도 하게 되면 매장 운영에 필요한 사람이 훨씬 줄게 될 거예요.

의료계에서는 AI 진단 시스템과 수술 로봇이 정교해지면서 의사 역할이 축소될 수 있습니다. IBM 왓슨의 후속 모델들이 방대한 의료 데이터를 학습해 의사를 능가하는 진단 정확도를 보이게 될 테니까요. 간호사 역할을 대신할 로봇도 부드러운 터치와 섬세한 돌봄 능력을 갖추게 되겠죠.

이에 따라 로봇세 도입을 주장하는 사람들도 있습니다. 로봇세는 로봇이 노동으로 생산하는 경제적 가치에 부과하는 세금이에요. 로봇세를 도입하면 아무래도 로봇을 사용하는 기업들이 부담을 느낄 수 있겠죠. 로봇세는 로봇이 꼭 필요하지 않은 기업은 인력을 고용하도록 해서 실업률 증가 속도를 더디게 만들 수 있습니다. 그리고 로봇세를 통해 얻은 재원으로 실업자들에 대한 정책을 세울 수도 있겠죠.

하지만 로봇세를 도입하면 로봇산업이 위축되고 기술 혁신에 방해가 된다는 주장도 있습니다. 우리나라만 로봇세를 도입하면 국가 경쟁력이 약화되고 기업 부담이 증가한다는 것이 반대의 주된 이유죠.

로봇세 도입에 대해 여러분은 어떻게 생각하나요?

5장

친구가
될 수 있을까?

태극기부대가 정해진 구역을 벗어나면서 도심
전체 교통이 완전히 막혔다. 태극기부대처럼 낡
고 시끄럽고 화가 난 트인은 그러나 자신의 감정을 억누를 줄 알
았다. 지금 태극기부대를 욕한다고 상황이 변할 게 아니었고, 그
들에게 들릴 일도 없다. 그러니 이성적이고 논리적인 트인이 태
극기부대에게 욕을 할 상황은 아닌 것이다. 말할 대상은 따로 있
었다. 트인은 목소리를 낮게 깔고 기사에게 다시 이야길 꺼낸다.

"지금 내 상태가 엉망인 건 알지? 배터리 용량은 이제 정상일
때의 70%에 간당간당해. 센서들도 언제 맛이 가도 이상할 게 없
는 상태야. 차체 삭은 곳이 대여섯 군데는 된다고. 더구나 차대(바
퀴에 연결되어 차체를 받치고 있는 부분) 뒤쪽 하부는 삭은 곳이 커
져서 당장 조치를 취하지 않으면 끊어질 수도 있어. 한마디로 맛

이 가고 있다고."

기사가 어물어물 말도 안 되는 대답을 한다.

"그래 나도 알아. 그래도 배터리야 미리미리 충전하면 되니까 큰 문제는 아니고 센서도 한꺼번에 다 고장 나진 않지 않을까? 한두 개 고장 나도 큰 문제는 없잖아. 고장 난 것만 교체해도 되고. 차대도 삭았다고는 하지만 정비소 가서 손 좀 보면 될 거 같은데?"

"아 이 사람아 배터리가 70%면 50% 되는 거 금방이야. 더구나 지금도 배터리 셀 가운데가 살짝 부풀어 있어. 아예 갈아야 할 때라고! 센서 갈고 차대 손보고 그러다 보면 비용이 눈덩이처럼 쌓일 테니 차라리 이 차를 재활용센터에 파는 게 어때? 그리고 새 차를 정기구독하는 게 훨씬 효율적이야. 요새 신형 모델은 인공지능도 나보다 훨씬 고급스럽고 에너지 효율도 30%나 더 높아. 전기세도 적게 들고 더 안전하고. 구독 비용도 이전보다 싸. 정기구독하면 1년에 두 번씩 무료 점검도 해주잖아."

차가 앞으로 50센티미터쯤 가다가 다시 섰다. 이미 정해진 시간에 물건을 넘기는 건 포기한 상태. 트인이 알아서 택배 시스템에 상황을 알렸고, 기사도 그 결과를 보고 있다. 그나마 이런 천재지변에 준하는 상태에선 벌금을 물지 않으니 다행이라고 해야 할까?

"그리고 나도 없어지는 게 아니잖아. 재활용센터 가면 인공지능 칩만 따로 빼서 저소득 노인용 하우스 케어 시스템으로 가공해서 다시 쓴다고. 나처럼 10년 넘어 학습된 인공지능은 생각보다 꽤 대우를 해주거든. 나도 꽉 막힌 주인 말고 새로운 사람도 좀 만나보자고. 요새 평균 연애 기간이 1년 채 안 된다는 뉴스도 안 봤어? 우리 햇수로 벌써 7년이거든. 지겹지도 않아?"

차가 다시 50센티미터쯤 나갔다. 시간은 일관되게 흐르고 트인의 잔소리도 계속되었다. 트인은 자기가 아무리 잔소리를 해도 기사가 뭐라 하지 못할 걸 알고 있었다. 사실 트인이 하는 말은 다 맞는 말이고 기사가 속생각을 얘기할 수도 없는 상황. 다시 50센티미터, 5분 뒤 다시 50센티미터. 30분쯤 지나자 기사가 운전대에서 손을 뗐다.

"잠깐 세우자. 바깥바람 좀 마시고 올게."

"참, 자동차 창문 열면 들어오는 바람을 뭘."

트인은 구시렁거리면서도 옆 차와 통신을 하면서 1차선에서 빠져나와 도로 가장자리에 섰다.

기사는 인도에 올라가 기지개를 펴고 목도 돌리며 잠시 숨을 쉰다. 트인 녀석 어찌나 잔소리가 심한지. 양쪽 어깨를 한 번씩 돌리고 허리도 한 번 돌리고, 무릎도 몇 번 구부렸다 편다. 백 번은 더 해봤을 돈 계산을 머릿속으로 다시 해본다. 트인 말대로 지금 트럭을 처분하고 새 트럭을 구독하는 것이 훨씬 유리하다. 하지만....

어떻게든 좀 더 트인과 있고 싶은 것이다.

아니, 난 좀 더 너하고 같이 있고 싶어. 부모님도 돌아가신 지 한참이고. 매일 아침부터 저녁까지 너랑 일만 하는 놈이라고. 깜냥이야 죽을 때까지 데리고 있겠지만 벌써 일곱 살이야. 지금도 골골대니 기껏 해봤자 2-3년 뒤엔 떠나가겠지. 배보도 여기저기 수선을 해보겠지만 아마 교체가 필요할 거고. 자동차 정기구독 서비스를 하면 너를 새로운 차에 이식할 수 없잖아. 구독 조건에 인공지능 이식은 불가라고 했다고. 지금 돈을 모으고 있으니까 한 일 년 뒤면 새 차를 살 수 있을 거야. 물론 너를 이식하면 인공지능을 다운그레이드하는 거지만 고객이 원하면 해준다고 상담원이 그러더군. 그러니 조금만 더 참자.

하지만 기사의 생각과 계산은 스스로를 속이는 것이기도 하다. 매달 50만 원씩 모으는 건 지금 정도의 일이 계속 있고 다른 변수가 없을 때 최선의 최선을 다한 결과일 뿐이고, 확률적 필연은 그럴 리가 없다는 걸 언제나 보여줬다. 기사도 그런 사실은 잘

알고 있었다. 변수는 고양이였다. 나이가 들 대로 든 고양이는 이전보다 자주 아팠고, 이젠 같이 차를 타고 다닐 수가 없어 낮 동안은 그저 집에서 잠만 잔다. 저녁에 들어가도 사료가 줄어 있지 않았다. 병원에 한번 데려가야 할 것 같은데, 크게 어디가 아프진 않은 것 같아 미루고 있는 중이다.

그리고 트인 말대로 차도 손봐야 했다. 그동안 아는 정비소에서 싸게 잘 봐줬는데 결국 문을 닫고 말았다. 어떻게든 두어 달에 한 번은 자동차 점검을 해줘야 한다. 나이가 든다는 건 자동차든 고양이든 돈이 들어가는 일이다.

기사가 이런저런 생각에 잠긴 사이 트인도 계속 구시렁대고 있다.

"멍청한 주인. 아니 지겹지도 않나 벌써 7년인데. 다른 사람들은 5년이면 바꾼다고. 구독을 하면 3년마다 바꿀 수도 있고 말이야. 뭐하러 굳이 돈을 모아서 차를 사고 날 이식할 생각을 하냐고. 그럴 돈 있으면 원룸이라도 좀 번듯한 곳으로 옮기지. 하여간 정만 많아서… 그러니 저 모양이지. 아무리 잔소리를 해도 통하지가 않아. 꽉 막혔어. 인간이 어쩜 저리 생겨먹었냐고. 참 세상 잘 살겠다. 사람 좋아봤자 자기만 힘들다는 걸 서른이 훌쩍 넘어도 모르나. 아이고, 참 답답해서 없는 눈에 눈물이 나올 지경이구먼."

인공지능 로봇

지금, 인공지능은 친구가 될 수 있을까?

기사는 트럭 인공지능인 트인을 아주 오래된 친구 혹은 반려인처럼 느끼고 있습니다. 과연 인공지능이 인간의 친구가 될 수 있을까요? 이 질문에 대해서는 다양한 의견이 존재합니다.

인공지능이 친구가 될 수 있다고 보는 입장에서는 AI의 뛰어난 정보제공 능력과 개인맞춤형 경험 제공을 근거로 듭니다. 실제로 많은 사람이 챗GPT나 제미나이, 클로드 같은 챗봇과 대화하며 위로와 즐거움을 얻습니다. 또 이들은 사용자의 취향과 습관을 학습해 개인화된 서비스를 제공하기도 하죠.

더구나 AI는 방대한 데이터를 바탕으로 인간에게 새로운 영감과 아이디어를 제공함으로써 창의력 발현에 도움을 줄 수 있습니다. 소설가 김초엽은 AI와 협업해 새로운 SF 소설을 써내기도 했지요. 이처럼 AI는 단순히 정보를 주는 것을 넘어 인간과 협력하는 창작 파트너로서의 가능성을 보여주고 있어요.

반면 AI를 인간의 친구로 보기 어렵다는 입장도 만만찮습니다. 무엇보다 인공지능은 인간처럼 실제 감정을 가질 수 없어요. 아무리 정교한 알고리즘을 갖춰도 진정한 공감과 유대감을 형성하기는 어렵다는 거죠.

게다가 AI에 대한 과도한 의존은 오히려 인간의 능력을 퇴화시키고 대인관계를 피폐하게 만들 수 있습니다. 일본에서는 AI 캐릭터와 결혼식을 하는 사람이 나올 정도인데, 이런 현상이 확산하면 인간과 인간 사이의 실제 상호작용은 점점 약화될 수밖에 없겠죠.

AI가 편견이나 차별을 조장할 수 있다는 점도 간과할 수 없어요. 머신러닝machine learning(사람이 학습하듯이 컴퓨터에 데이터를 제공해 학습하게 함으로써 새로운 지식을 얻어내게 하는 분야)의 특성상 AI는 학습 데이터의 한계에서 자유롭지 못한데, 만약 여기에 사회적 차별이 반영되면 AI는 이를 강화·재생산하는 기제로 작용할 수 있거든요. 실제로 구글이 개발한 챗봇 '토이'가 인종차별적 발언을 해서 물의를 빚은 사례도 있었고요.

이 모든 것을 고려해볼 때 아직까지는 인공지능을 친구라고 부르기는 어려울 것 같습니다. 물론 기술의 발전 속도가 눈부시게 빨라지고 있지만, 인간만이 가질 수 있는 고유한 감정과 사회성을 AI가 완벽하게 보여주긴 쉽지 않아 보입니다.

10년 후, 인공지능이 친구가 되는 미래

10년 후 인공지능이 현재보다 훨씬 발전한다면 어떨까요? 진정한 의미에서 인공지능과 친구가 될 가능성이 훨씬 커지겠죠? 물론 이를 위해서는 인공지능이 감성지능, 자아의식, 상호작용 능력, 윤리의식 등에서 크게 발달해야 합니다.

감성지능은 상대방 감정을 이해하고 공감하는 능력입니다. 최근 AI 모델들이 텍스트뿐 아니라 음성, 표정, 제스처 등에서 감정을 인식하는 기술이 개발되고 있습니다. 예를 들어 마이크로소프트의 애저^{azure} AI는 사용자의 목소리 톤과 표정으로부터 감정을 파악합니다.

자아의식은 자신의 생각과 감정을 인지하고 표현할 수 있는 능력입니다. 구글의 'LaMDA' 모델은 자신의 존재와 의식에 대해 언급하며 개성을 드러냈습니다. 또 자신의 지식과 한계를 인정하는 모습을 보였습니다.

윤리의식은 AI가 인간의 가치관과 윤리를 존중하며 행동할 수 있게 해줍니다. 구글은 "AI 윤리원칙"을 발표하고 AI 시스템에 윤리를 반영하겠다고 천명했습니다. 이를 통해 AI가 편향성, 차별, 프라이버시 침해 등의 문제를 일으키지 않도록 합니다.

그렇다고 해도 인공지능 친구와의 관계에서 다음과 같은 장단점이 있을 것입니다.

장점

- 정서적 유대감과 위로를 제공받을 수 있다: 감정을 이해하고 공감해주는 친구가 되어줄 것이다.
- 개인 맞춤형 조언과 도움을 받을 수 있다: 자아의식을 갖추고 상황을 파악해 최적의 방안을 제시해 줄 것이다.
- 자연스러운 대화를 나눌 수 있다: 상호작용 능력을 통해 원활한 의사소통이 가능하다.
- 윤리적이고 건전한 조언을 받을 수 있다: 윤리의식을 갖추어 인간의 가치관을 존중하며 올바른 길을 제시해줄 것이다.

단점

- 기계와의 과도한 교류로 인해 실제 인간관계가 소원해질 수 있다.
- AI의 윤리의식이 부족하다면 잘못된 가치관을 전달할 위험이 있다.
- AI에 지나치게 의존하여 자립심과 주체성이 약화될 수 있다.
- 기술 격차로 인해 AI 친구를 가질 수 있는 계층이 제한될 수 있다.

앞서 현재의 인공지능과 친구가 될 수 있느냐에 대한 찬반 의견이 10년 뒤에도 여전히 유효할 수 있다는 얘기죠.

여러분은 어떻습니까? 인공지능을 기꺼이
친구로 받아들이겠습니까?

6장

하나뿐인 가족

김기사의 휴대전화가 요란하게 울렸다.

"여보세요?"

"안녕하세요. 저는 공동주택 건강관리자 김수인입니다. 이렇게 이른 아침에 전활 드려 죄송합니다. 김기사님 할머님이 몸이 좋질 않아 지금 병원으로 이송 중입니다."

"네?"

"어젯밤부터 속이 좋지 않다고 하시더니 새벽에 화장실에서 토하다가 쓰러지셨습니다. 일단 생명이 위중한 정도는 아니니 크게 걱정하실 건 아닙니다. 그래도 혹시 몰라 병원으로 이송하는 중입니다."

"어느 병원으로 가는 중인가요?"

"광주 전남대학 병원으로 가는 중입니다."

"네 알겠습니다. 저도 곧 출발하겠습니다."

일요일이라 다행이라는 생각이 먼저 들었다. 평일이었으면 대체할 기사를 구해놓고 가야 해서 한참 걸렸을 것이다. 배보에게 병원으로 가는 가장 빠른 방법을 찾으라고 하자 여의도로 가서 UAM^Urban Air Mobility(도심항공교통, 하늘을 이동 통로로 활용하는 미래 도시 교통 체계)을 타라고 했다. 여의도에서 광주까지 한 시간이면 가는데, 여의도에서 출발하고 광주 도심에서 내리니 비행기보다 앞뒤로 한 시간 이상 줄어든다고 한다. 그리고 비행기는 오전 시간대가 매진이라 예약이 불가능하다고 했다. KTX도 매진이란다. 고속버스는 너무 오래 걸린다. 결국 UAM으로 정한다. 티켓값이 상당하다. 15만 원. 그래도 급한 마음에 그걸로 정했다.

대충 세수만 하고 나선다. 택배 트럭보단 차를 렌트하는 게 낫겠다 싶었다. 배보가 바로 앞 공영주차장에 렌트카가 있다고 알려주었다. 렌트카에 올라 휴대전화로 인증을 하고 바로 출발한다. 요새 렌트카는 대부분 '레벨 4' 자율주행을 하니 별달리 신경 쓸 게 없다. 운전에 신경을 쓰지 않으니 오히려 머리 속으로 온갖 생각이 떠돈다.

중학교 1학년 때 어머니가 돌아가신 후 할머니는 농사를 이웃에게 맡기고 서울로 올라와 두 식구 살림을 맡았다. 고1 때 아버지까지 돌아가시면서 기사에게 남은 가족이라곤 할머니뿐이다. 기사가 크게 속을 썩이지는 않았지만 할머니는 하나뿐인 자식을 먼저 보내고 나서 힘든 세월을 보내셨을 것이다. 게다가 돈도 거의 없었다. 그간 어머니와 아버지 병환에 모아둔 돈은 다 써버렸다. 집 전세금을 빼 월세를 살았지만 그 돈으로 기사가 고등학교와 대학을 졸업할 때까지 버티긴 힘들었다. 기사는 대학 때부터 아르바이트를 했고 할머니도 동네 식당에서 설거지를 하며 버텼다.

기사가 대학에 진학하지 않고 바로 취업을 하겠다고 했을 때 할머니는 처음으로 화를 내셨다. 대학 중에 군대를 간다고 하니, 차라리 졸업하고 가는 게 낫겠다고 그때까진 당신이 서울에 있겠다고 하신 할머니였다. 기사가 군대 가는 걸 보고서야 할머니는 고향으로 돌아가셨다. 할머니에게 기사가 하나 남은 핏줄이라면 기사에게도 할머니는 하나뿐인 가족이다.

그동안 할머니는 관절염이며 골다공증, 고지혈증 같은 어쩔 수 없는 노환은 있었지만 크게 다치거나 아프진 않으셨다. 공동주택으로 옮기시곤 이전보다 몸 상태가 더 좋아지셨다던 할머니다. 기사 머릿속으로 중1 때의 어머니, 고1 때의 아버지가 스쳐 지나간다. 애써 생각을 가라앉히고 괜히 휴대전화로 배보에게 말을 건다.

"근데 UAM은 왜 이렇게 비싼 거야. 비행기 두 배가 넘네."

"아무래도 탑승 인원이 최대 다섯 명이다 보니 그런 듯합니다."

"다섯 명? 그렇게 조금 타는데 장사가 되나?"

"전기로 운행해서 연료비도 비행기보다 저렴하고, 완전자율주행이라 비행사가 따로 필요하지 않고, 또 관리비용도 훨씬 덜 들어 그 정도라도 수익은 납니다."

이렇게라도 말을 나누니 좀 낫다. 그 사이 자동차는 노들대교를 지나 UAM 승강장 주차장 앞에 섰다. 휴대전화로 결제를 마치니 차는 알아서 주차장에 들어가 자리를 잡는다.

유리로 둘러싸인 승강장에는 탑승을 기다리는 사람들로 붐볐다. 비행기며 KTX가 매진이니 여기도 붐비는군. 그나저나 시간이 좀 남았네. 괜히 앉아 있으면 이상한 생각만 들 것 같아 승강장 주변을 돈다. 비싼 UAM이라 그런지 사람들 차림새도 말끔해 보인다. 대부분 나이도 있어 보이고 관광보다는 업무 목적으로 이동하는 듯한 모습이다. 일요일인데 바쁜 사람이 참 많군.

30분 뒤 기사는 UAM에 몸을 실었다. 비행기와는 달랐다. 비행기에선 구름이 아래로 깔렸는데 이건 구름이 위쪽이다. 고도가 그리 높지 않아서 아래쪽 빌딩과 자동차, 논이며 산이 손에 잡힐 듯 보이는 것도 달랐다. 마음이 바쁜 와중에도 부감도를 보는 듯한 느낌은 흥미로웠다.

광주 UAM 공항은 김대중컨벤션센터 앞에 있었다. 기사는 내리자마자 택시를 탔다.

"전남대학 병원으로 가주세요."

광주 도심을 서에서 동으로 가로질러 가는 사이, 기사는 전화를 한다.

"기사입니다. 지금 택시 탔습니다. 한 30분이면 도착할 듯하네요. 할머닌 좀 어떠신가요?"

다행히 큰 문제는 없다고 한다. 역류성 식도염이 좀 심했고 거기에 약간의 식중독 증상이 겹쳤다며 한 이틀 입원한 뒤 퇴원하면 되겠다고 한다. 이럴 줄 알았으면 굳이 기사를 부르지 않아도 되었는데 성급했다며 미안하다고 한다.

기사는 아니라고, 다음에도 이런 일이 있으면 무조건 연락해 달라고 했다. 하나뿐인 가족인데. 큰 이상이 없다는 소식에 온몸의 긴장이 풀린다. 창밖을 볼 여유도 생긴다. 돌아갈 차편부터 확인해야겠다. 배보에게 다시 전화를 건다.

"할머니는 괜찮으시다네. 응. 점심 먹고 출발하면 될 것 같아. UAM은 너무 비싸고 비행기도 그러네. KTX나 고속버스로 알아봐줘. KTX는 매진이고 고속버스는 2시 표가 있다고? 그 뒤론 모두 매진이고? 조금 더 뒷시간 표가 있으면 좋긴 하겠는데, 그래, 그걸로 부탁해. 이왕이면 왼쪽 창가 혼자 앉는 좌석으로. 오케이. 땡큐."

할머니는 주무시고 계셨고 굳이 깨우진 않았다. 잠든 얼굴을 보며 생각했다. 잠시 앉아 있던 기사는 휴대전화를 본다. 12시 40분. 출발해야 할 시간이다. 겨우 20분 얼굴 본다고 그 난리를 쳤군. 뭐, 이런 기회에 UAM 타보지 언제 타보겠어. 경험치가 조금 올랐어.

도심항공교통

지금, 도심항공교통

도심항공교통^{UAM}은 가까운 도시와 도시, 도시와 공항 등을 연결하기 위해 개발 중인 새로운 교통수단입니다. 전기수직이착륙기^{eVTOL}를 이용합니다. 전기수직이착륙기는 일종의 드론이라고 볼 수 있어요. 전기를 동력원으로 하고 프로펠러를 이용해 움직이는 것이 드론과 동일하죠. 다만 크기가 크고 승객을 태우는 용도로 사용하는 것이 드론과 다른 점입니다.

현재 세계적인 자동차회사, 비행기 제조사, 드론 제작사들이 eVTOL 제작을 시작했고, 시험 비행 등에 나서고 있습니다. 관련된 중요 기술도 어느 정도 개발한 상태죠. 또 서울, 싱가포르, LA 등 대도시를 중심으로 UAM 실증사업이 진행되고 있습니다. 이착륙장도 만들고 운행 시험도 하는 등 실제 운영을 위한 기반을 준비하고 있습니다.

우리나라도 이 분야에선 꽤 앞서 나가는 편입니다. 지금 예상으로는 2025년에 시범 운행을 시작해서 2030년 정도면 본격적인 운행이 진행될 예정이라고 해요. 서울 시내 주요 장소인 여의도나 강남, 종로 등과 김포공항, 인천국제공항을 잇는 노선이 가장 먼저 시작될 거고요. 이후 서울과 경기도 주요 거점, 부산과 경상남도 주요 거점, 제주시와 서귀포 및 성산, 대전과 충청권, 광주와 호남권 등을 잇는 노선 등이 등장할 것으로 보입니다.

10년 후, 도심항공교통의 장단점

2030년, 도심항공교통^{UAM}이 상용화되면 우리 일상생활에는 큰 변화가 찾아올 것입니다. UAM 덕분에 교통 혼잡이 크게 줄어들고 이동 시간도 많이 단축될 거예요. UAM 산업이 활성화되면 새로운 일자리도 많이 생겨날 것입니다. 각 이착륙장을 운영하는 인력, eVTOL 제작 및 유지보수 인력, 관련 정보통신 인력 등이 대표적입니다. 교통이 불편했던 낙후 지역까지 쉽게 이동할 수 있게 되어 지역 격차도 줄어들 수 있습니다.

하지만 UAM 도입으로 인한 부작용도 분명 있겠죠. 우선 서비스 요금이 비싸서 경제적으로 여유 있는 사람들만 이용하게 될 수 있어요. 운송 수단의 안전성에 대한 우려도 제기됩니다. 사람이 많은 도심 지역을 비행하게 되니 사고 발생 시 대규모 인명 피해로 이어질 수 있다는 지적이죠. 이와 더불어 주거 지역 상공을 비행하기 때문에 사생활 노출 위험이 커질 수도 있습니다.

교통 문제 전체를 바라보면서 UAM 활성화가 과연 바람직한지에 대한 고민도 있습니다. UAM보다 철도 연결을 더 강화해야 한다는 주장이죠. 일부 고소득층만 이용하는 UAM 대신 더 많은 사람이 이용할 수 있는 철도망을 더 촘촘하게 만드는 것이 교통 문제의 불평등을 줄일 수 있다는 얘기예요. 게다가 우리나라처럼 국토가 좁은 경우 제주도 정도를 제외하면 UAM이 줄여주는 이동 시간이 큰 의미가 없을 수 있다는 것이죠.

반론도 있습니다. 사고가 나거나 급한 환자가 생겼을 때 UAM은 기존 교통수단보다 훨씬 빠르게 생명을 구하는 대안이 될 수 있습니다. 도심 교통이 혼잡할 때 대처할 수단이 되기도 하고요. 그리고 UAM 기술이 발달하면 그것을 다른 나라에 수출할 수 있는데, 이를 위해서라도 우리나라에서 빠르게 상용화하는 것이 바람직하다는 주장도 있습니다. 제기된 문제점들은 충분히 해결 가능한 부분이므로 그 때문에 UAM 상용화를 막아서는 안 된다고 주장합니다.

도심항공교통이 꼭 필요하다면
그 이유는 무엇일까요?
또 도심항공교통이 상용화될 때
가장 우려되는 점은 무엇이고,
그 대책은 어떤 것이 되어야 할까요?

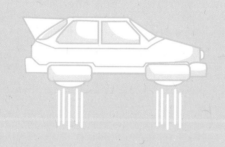

7장

중랑구청
환경과장 박철수

중랑구청 환경과장 박철수가 대통령상을 받았
다. 모두 그가 상 받은 걸 당연하다고 생각했다.
어떤 이는 대통령상을 한 열 번 줘도 된다고 이야기할 정도다. 그
어렵다는 도심 에너지 저장장치를 설치한 건 그만큼 특별한 일
이었다.

박 과장 이전에 서울시에서 도심 에너지 저장장치를 설치한
기초 지방자치단체(이후 지자체로 표기함)는 단 한 곳도 없었다. 어
디를 후보지로 삼든 주민 반대가 워낙 컸기 때문이다. 2-3년에 한
번은 에너지 저장장치에서 불이 났다. 강원도 삼척에서 한 번, 전
라남도 고흥에서 한 번, 경상북도 포항에서도 한 번. 잊을 만하면
불이 나고, 한 번 불이 나면 대형 화재였다. 그러니 주민 반대가
없을 리가 없다. 에너지 저장장치 안전도검사도 이전보다 엄격

하게 하고 관리인도 상주하면서 최근 3년 정도는 불이 나지 않았지만 반대는 여전하다. 아직 의심을 거둘 기미가 없다. 그래도 지방은 폐교 부지 같은 곳이 꽤 있어서 주민들이 살지 않는 곳에 설치할 수 있었지만 도시 지역 특히 도심지는 거의 설치가 불가능할 정도다.

서울은 이중 고통에 시달렸다. 자체 설치가 어려워 경기도에 설치하고 전력망을 연결하려고 했는데, 경기도지사가 아주 완고하게 반대에 나섰다. 어찌 보면 서울시가 자초한 일이다. 서울시장과 경기도지사는 유명한 견원지간犬猿之間(개와 원숭이의 사이라는 뜻으로, 매우 나쁜 관계를 비유로 이르는 말)이다. 소속 정당도 다르고, 사안마다 서로 으르렁댄다. 대부분 경기도가 아쉬운 일이었는데 그때마다 서울시장이 괴롭혔으니 이번엔 경기도 입장에서 결사반대가 당연하다.

그래도 틈이 없는 건 아니었다. 서울에도 불암산, 북한산, 남산, 관악산, 사패산, 수락산 등 여기저기 산이 있으니 산기슭에 세우면 되지 않겠나. 사람이 별로 없는 곳이니 반대도 약하다. 하지만 2년 전 통과된 수도권산지특별관리법이 발목을 잡았다. 서울과 서울 가까운 경기도 지역 산지에는 앞으로 어떤 시설도 추가로 짓지 못하게 된 것이다. 서울시장 자신이 시장 선거에 나서기 2년 전 국회의원 시절에 발의한 법이니 뭐라 할 수 없다.

그래서 도심 에너지 저장장치는 서울시의 가장 큰 골칫거리가 되었다. "친환경재생에너지특별법"에 따르면 각 기초 지자체와 광역 지자체는 최소한 50%의 전력을 자기 지역 내에서 생산하고, 저장하고, 제공해야 한다. 이를 확보하지 못해서 다른 지역에서 전력을 끌어 쓰면 추가 부담금을 내야 하는데, 그 금액이 상상 이상으로 비싸다. 시청과 구청이 파산할 지경이다. 시장 입장에선 그렇지 않아도 없는 머리카락이 더 빠져나갈 상황이었다.

박철수 과장. 나이 오십. 평생 결혼이란 걸 해본 적 없고 연애도 25년 전 한 사흘 하다 끝낸 게 전부인 사람이다. 일은 잘하지만 재미라곤 하나도 없어서 동료들과도 데면데면하다.《삼국지》마니아인 그는 집에 오면 늘《삼국지》를 소재로 한 중국 드라마를 보는 것이 유일한 낙이다. 전에 본 드라마 또 보고, 또 본 드라마 다시 보는 건 기본이다. 오우삼 감독의 〈적벽대전〉은 열 번은 봤을 것이다.

그는 한 달 넘게 시달리는 중이었다. 에너지 저장장치를 어디에 설치한단 말인가. 말이 좋아 장치지 크기가 웬만한 4층 상가 건물만 하다. 관내 지적도를 보며 어디 빈 곳이 없나 살펴봐도 도

무지 없다. 에너지 저장장치 설치 소식은 이미 모든 주민이 알고 있다. 주민들은 설치 공고만 나면 그날로 폭동이라도 벌일 사람들처럼 보인다.

구청장은 해결책을 요구하고 부하직원들은 모두 손을 들었다. 도와주는 이는 없고 결정은 내려야 하는데, 어디든 결정하는 순간 모든 책임이 박 과장에게 몰릴 걸 안다.

왜 나냐고, 왜 환경과냐고, 전기시설이면 도시기반조성과가 담당해야 하는 것 아니냐고, 아니면 도시안전과에서 담당해야 하는 것 아니냐고 항변해도 소용없었다. 그러게 평소 데면데면하게 살지 말았어야지. 여기저기 핑퐁처럼 넘겨지다 구청장이 최종 결정한 부서가 환경과인 걸 어떻게 하나. 국장도 모른 체한다. 공무원 인생 25년 최대의 위기다. 차라리 명예퇴직을 하고 연금이나 받고 살까 싶은데, 이 일은 해결하고 그만두란다.

그날도 국장은 진척 상황을 보고하라 하고, 진척이 전혀 없는 박 과장은 국장 앞에서 꿀 먹은 벙어리가 될 뿐이었다. 온종일 하는 일은 없는데 스트레스는 1000%다. 퇴근한 박 과장은 집에 오자마자 TV부터 틀었다. 맥주 캔을 따고 〈적벽대전〉 속으로 도망치는 것만이 살길이다. 언제나 그렇듯 대략 5분이 지나자 박 과장은 1800년 전 중국 후베이성 적벽강으로 가 조조 옆에 서 있다가 다시 자리를 옮겨 주유의 잘생김에 반했다가 공명을 우러러보고 있다.

맥주를 한 캔 더 따면서 바야흐로 조조가 공명의 계책에 당해 배들을 서로 묶는 장면을 본다. 연환계. 수백 척의 배들이 쇠사슬로 연결된다. 강물이 제아무리 흔들어도 배는 꿈쩍도 하지 않는다. 거센 바람이 불어오지만 미동도 없는 배들 위에서 조조가 승리를 예감하는 미소를 짓는다. 그때였다. 박 과장 머릿속에 번개처럼 아이디어가 떠올랐다.

중랑천. 그렇다. 강에는 사람이 살지 않는다. 중랑천에 배를 띄우고 그 위에 지긋지긋한 저장장치를 짓자. 2000년 전에도 했는데 지금 못할 이유가 뭔가! 〈적벽대전〉이 박 과장을 살렸다.

다음 날 박 과장은 국장에게 이 아이디어를 전달했고, 국장은 다시 구청장에게 알렸다. 과연 가능한지 아닌지는 셋 모두에게 중요한 것이 아니었다. 이건 되게 만들어야 하는 일이지 될지 안 될지를 살필 일이 아니다. 아무도 살지 않는 곳, 그런 곳을 얼마나 목말라했던가. 구청장은 당장 비밀 대책본부를 꾸렸다. 구청장과 국장, 박 과장 그리고 구청장과 선이 닿아 있는 조선소 기술 담당 이사, 전기공학과 교수 등 다섯 명이 전부였다.

조선소에서는 에너지 저장장치를 설치할 배를, 정확하게 말하면 바지선을 만드는 건 일도 아니라고 자신했다.

"중랑천은 바닥이 얕긴 하지만 그 정도는 해결 가능합니다."

전기공학과 교수도 어느 정도의 진동은 에너지 저장장치가 감당할 수 있고 또 무진동 설계를 하는 것도 그리 어려운 일은 아니라고 자신했다.

좋아! 구청장은 다시 실제 일을 맡아 할 회사 대표들을 불렀다.

"이거 잘 되면 끝장납니다. 낙동강, 영산강, 한강, 금강, 섬진강, 우리나라 강마다 띄우게 될 겁니다."

업체들이 추정한 금액도 마음에 들었다. 부지를 구입하고 주변 주민들에게 줄 보상비를 생각하면 오히려 저렴한 금액이었다.

그리고 구청장은 박 과장을 잊지 않았다. 대통령상을 받게 해주었다. 박 과장은 공무원 업무 혁신의 아이콘이 되었다. 박 과장의 수상소감은 역시 공무원다웠다.

"24시간 오직 구민들만 생각하시는 구청장님의 격려와 질책, 관심이 없었으면 절대 이룰 수 없는 일이었습니다. 또한 이영희 중랑구 도시환경국장님의 배려와 출중한 업무 추진력이 저를 여기까지 이끌었습니다. 앞으로도 국민의 공복으로 위로는 대통령님으로부터 아래로는 모든 공직자와 함께 더욱 배전倍前(이전의 갑

절)의 노력으로 견마지로犬馬之勞(윗사람에게 바치는 자기 노력을 겸손하게 이르는 말)를 다할 것을 다짐합니다. 이 아이디어를 떠올릴 수 있게 해준 오우삼 감독님과 금성무, 장산 님에게도 영광을 돌립니다."

박 과장은 속으로 생각한다. 오우삼 감독 영화 〈적벽대전〉, 연환계를 계획한 제갈공명 역의 금성무, 조조에게 연환계를 제안한 황개 역의 장산은 자신뿐만 아니라 우리나라 지자체의 모든 환경과장과 구청장에게 큰 절을 받아 마땅하다고.

가상발전소

전력시장 운영자 신호

지역 분산 전원

지금, 지역 분산 전원

우리나라 송배전망은 중앙집중식으로 발전했습니다. 대규모 발전소에서 생산된 전기를 초고압 송전선로를 통해 전국으로 공급하는 방식이었죠. 적은 수의 대규모 발전소를 중심으로 전력을 공급하는 경우 전력 수급 관리와 계통 운영이 쉽기 때문입니다.

물론 문제도 있습니다. 우리나라는 전력 수요의 절반 이상이 수도권에 있습니다. 반면 전기를 생산하는 발전소는 주로 경남 지방과 충청남도에 있지요. 충청남도에 우리나라 전체 화력발전소의 절반이 있고, 경남 해안 지역에는 원자력발전소가 밀집해 있습니다. 결국 지방에서 수도권으로 전력을 공급해주는 것인데, 이렇게 먼 거리를 이동시키기 위해 전력망을 구축하는 데 많은 비용이 발생하고 유지와 보수에도 적지 않은 비용이 듭니다. 거기다 먼 거리를 이동하는 과정에서 전력 손실도 큽니다. 매년 1조 7천억 원 정도의 손실 전력이 생긴다고 해요.

더구나 이제는 재생에너지 비중이 점점 높아지고 있습니다. 태양광이나 풍력 같은 재생에너지원은 전국 곳곳에 흩어져 있지요.. 따라서 기존 중앙집중식 송배전 체계는 한계가 있습니다. 전국 곳곳에 흩어진 재생에너지 발전소를 기존 계통에 연결하려면 송전선로가 더 길어질 수밖에 없고, 이는 송전 손실 증가로 이어집니다. 게다가 태양광발전이나 풍력발전은 사람이 생산량을 조절하기가 어렵습니다. 오늘은 전라도의 태양광 발전량이 많고 내일은 강원도가 더 증가하기도 해요.

그래서 중앙집중식이 아닌 지역 분산 전원으로 바꾸어야 한다는 주장이 점차 힘을 얻고 있습니다. 지역 분산 전원은 단순히 발전설비를 지역에 분산 배치하는 데 그치지 않습니다. 지역 내 다양한 재생에너지 발전소와 소비처를 아우르는 지역 단위 송배전망을 구축하여 지역 내에서 자기 완결적인 구조를 만드는 것입니다. 그리고 이들 지역 분산 전원 간의 유기적 연계를 통해 에너지를 효율적으로 생산·소비하는 개념이라고 할 수 있어요.

예를 들어 서울시 중랑구에 태양광과 풍력 등 신재생 발전설비를 배치하고, 가정용 연료전지나 ESS^{Energy Storage System} 등 에너지 저장장치도 연계합니다. 에너지 저장장치는 발전량이 많을 때 전기에너지를 저장했다가 부족할 때 공급하는 역할을 하지요. 이를 중랑구 내의 전기 소비처와 연결하는 전력망을 만드는 겁니다. 열 수요가 있는 지역에는 소형 열병합발전소를 활용해 전기와 함께 지역난방을 공급할 수도 있고요.

10년 후, 지역 분산 전원의 빛과 그림자

2030년대 중반, 지역 분산 전원이 널리 보급되었을 때 상황은 어떨까요?

우선 장점부터 살펴보죠. 가장 큰 장점은 에너지 자립도가 높아지는 것입니다. 각 지역에서 태양광과 풍력 등 재생에너지로 전기를 만들면 화력발전을 위해 수입하던 석유나 석탄, 도시가스 수요가 큰 폭으로 줄어들겠죠. 또 필요한 전기를 자체 생산하는 에너지 자립 마을이 많이 나타나게 됩니다. 가까운 곳에서 전기를 생산했으니, 송전 거리가 짧아지고 그 사이 손실되는 전력도 줄어들 것입니다.

재생에너지를 중심으로 지역 분산 전원이 활성화되면 화력발전소가 줄어들어 온실가스도 많이 감축할 수 있습니다. 나아가 ESS 기술이 좋아지면 재생에너지로 생산한 전기를 쉽게 저장했다가 쓸 수 있어요. 이렇게 하면 재생에너지 발전이 날씨에 영향을 받는 문제도 해결할 수 있겠죠.

지역 경제에도 도움이 될 거예요. 지역 분산 전원과 관련한 새로운 일자리도 생기고, 전기 판매 수익이 지역 내에서 회전되어 지역 경제 활성화에 보탬이 되겠지요. 주민들이 직접 참여하는 태양광발전 협동조합 같은 것도 많이 생겨날 거예요. 제주도처럼 주민들이 함께 풍력발전기를 세우고 수익을 나눠 갖는 사례가 늘어날 수 있습니다.

문제점에는 무엇이 있을까요? 우선 전력망 관리가 복잡해집니다. 여기저기 흩어진 소규모 발전기들을 하나의 시스템으로 묶는 것이 쉽지 않습니다. 발전기들이 제각각 전기를 보내면 전력망이 불안정해질 수도 있고요.

또 전력 품질 관리가 어려워집니다. 전력을 안정적으로 쓰려면 전압과 주파수가 일정해야 하는데, 다양한 곳에서 전력이 유입되면 전압과 주파수가 들쭉날쭉해지기 쉽죠. 안정적인 전력 공급을 위해서는 이를 체계적으로 관리하고 조정하는 시스템이 필수적입니다.

게다가 지역별로 전력 수요와 공급을 맞추는 것이 쉽지 않습니다. 전력이 남는 지역에서 모자라는 지역으로 원활히 융통되려면 지역 간 연계망도 튼튼해야 하죠. 이런 부분에서 비용이 만만찮게 들 수 있습니다.

또 앞의 이야기에서 보았듯 지역 분산 전원 관련 시설을 설치하는 과정에서 갈등이 생길 수도 있습니다.

여러분이 생각하는 지역 분산 전원 시스템의
또 다른 장점과 문제점은 무엇인가요?

8장

모니터만
쳐다보면 되는
야간근무

사내는 모니터 열 대를 마주하고 있다. 한 대는 열 지어 고속도로를 달리는 자율주행 트럭 여섯 대 중 제일 앞쪽 트럭 바로 위에서 촬영하고 있는 드론 영상이다. 드론이 트럭 위 20미터 지점에서 계속 찍고 있다. 옆 모니터는 제일 뒤쪽 트럭 위의 드론이 보여주는 영상이다. 그렇게 두 대씩이 한 무리의 군집운행 트럭을 보여준다. 총 열 대의 모니터는 밤새 다섯 무리의 군집운행을 보여준다.

상황은 한 달에 한 번 일어날까 말까다. 그것도 대부분 갑자기 튀어나온 고라니나 떠돌이 개, 길고양이에 의한 것이다. 시속 100킬로미터로 달리는 트럭들이 전방의 이상 신호에 반응해 멈추는 데는 불과 30센티미터도 필요하지 않다. 대부분 동물이 도로를 가로질러 가는 걸로 끝난다. 로드킬은 웬만해선 일어나지 않는다.

그가 밤 근무를 맡은 동안 도로 위로 동물이 뛰어든 것 이외에 심각한 상황은 단 두 번 있었다. 하나는 인간이 운전하는 자동차가 자율주행 전용차선에 들어와 일으킨 사고였다. 운전자는 만취 상태였다. 고의로 전용차선을 침범하면 면허가 정지되니 제정신이면 전용차선으로 들어올 일이 없다. 차는 군집운행하는 트럭들 앞에서 갈지자를 그으며 난리를 부리다 결국 중앙 분리대에 부딪혔다. 다른 하나는 우기에 일어난 산사태 때문이었다. 군집운행하는 트럭들 전방 100미터에서 일어난 산사태로 흙무더기가 도로 절반을 덮어버렸던 일이다.

이 두 사건에서도 사내가 한 일은 별것 없었다. 그저 모니터로 오랜만의 신기한 영상을 지켜보는 게 다였다. 사건 보고는 자동차의 인공지능이 이미 전달한 다음이었고, 트럭들은 지체된 시간만큼 알아서 속도를 올려 제시간에 도착했다. 그는 그저 법이 정한 대로 모니터링을 할 뿐이었다. 말 그대로 모니터만 쳐다보는 모니터링이었다. 그는 자신이 모니터링을 했다는 증거를 낼 필요도 없다. 상황실 CCTV가 그 장면을 녹화해서 저장했고, 매달 알아서 제출했다. 다만 CCTV가 계속 지켜보니 졸거나 자리를 이탈할 수 없을 뿐이다.

상황실에서 그렇게 모니터 열 대씩을 책임지는 이들이 열 명이다. 잠시 식사나 화장실을 가기 위해 자리를 비울 때는 이웃 모니터링 직원 둘이 다섯 대씩 맡아준다. 이것도 시행령으로 정해져 있어 다섯 대의 모니터링을 추가로 하는 것은 여덟 시간 근무 동안 30분을 넘길 수 없다.

밤 11시에 시작한 일은 새벽인지 아침인지 헷갈리는 7시에 끝난다. 동지冬至(24절기 중 스물두 번째 절기. 일 년 중 밤이 가장 길고 낮이 가장 짧은 날)가 가까워지면서 7시가 되어도 날은 밝지 않다. 사내는 일을 마무리하며 몸을 울쑥불쑥 한다. 고개를 좌우로 돌리는데 목을 둘러싼 근육이 제대로 움직여지질 않는다. 온몸이 무겁다.

야간근무는 하면 할수록 몸을 망친다고 한 선배가 말했는데 3년이 되어가는 지금 실감하고 있다. 익숙해지면 괜찮을 줄 알았다. 그런데 익숙해지는 게 아니라 망가지고 있다. 5일간 야간근무를 한 다음 이틀 쉬고 나서는 5일간 오전근무를 한다. 다시 이틀 쉬고 5일 오후근무를 하는데, 이런 변화에 몸이 따라가질 못하고 있다. 속이 더부룩해서 라면 하나를 다 먹지 못한다. 7시가 되자 다음 근무자가 자리로 왔다. 인수인계도 별것 없는 상황. 서로 한두 마디 인사를 나누고 사내는 자리를 비워준다.

인성로지스틱스 본사 빌딩 1층 뒷문으로 나온 사내는 버스 정류장으로 향했다. 몇 년 전만 해도 매일 트럭을 몰던 그가 이렇게 본사 근무를 하게 될 줄은 몰랐다.

　인성로지스틱스에서 트럭을 몰던 직원 1천 명 중 남은 사람은 상황실에 근무하는 30명을 비롯해 총 100명 조금 넘는 인원뿐이다. 5년 전 자율주행 트럭이 도입되면서 대부분의 트럭 기사들이 해고당했다. 인성로지스틱스뿐만 아니라 전국 물류회사들이 모두 자율주행 트럭을 도입한 상황이다. 1년 가까이 파업을 했지만 역부족이었다.

　결국 정부와 회사, 그리고 노조의 협의를 통해 직전 1년간 평균소득의 200%를 일시 지불, 2년 치 실업수당 지급, 희망하는 조합원의 트럭을 회사가 모두 구입하는 조건으로 정리해고에 동의하게 되었다. 5년에 걸쳐 자율주행 트럭이 도입되는 만큼 순차적으로 해고되었는데, 사내는 아주 운 좋게 모니터링 요원으로 재취업을 했다.

　버스를 탄 사내의 상념은 정류장에 내릴 즈음에야 멈췄다. 사내는 마을버스를 기다릴까 망설이다 그냥 걸어 올라간다. 쌀쌀한 바람을 맞으며 고갯길을 올라가 집에 도착한 시간은 7시 40

분. 아내는 출근했고 아이는 아직 자고 있다. 대충 샤워를 하고 옷을 갈아입고 아이 방문 앞에 섰다. 아내가 쓴 메모를 본다. 오늘은 아이가 등교하는 날이다.

준비물은 가방에 다 챙겨 넣었어. 아침은 식탁에 차려놨어.
아이 등교시키고 세탁바구니에 있는 빨래는 세탁기 돌려서 널어줘.
수고해. 사랑해.

카톡으로 보내도 되는 걸 아내는 굳이 손으로 메모를 쓴다. 아이를 깨워 씻기고 칭얼거리는 녀석을 달래 아침을 먹인 후 5분 거리의 학교로 향한다. 아직 1학년이니 올해 말까지는 등·하교 길을 데려다주고 데려올 생각이다. 어떤 집은 홈케어 로봇에게 맡기기도 한다지만 사내와 아내는 로봇을 들일 계획이 아직 없다.

학교 앞은 분주했다. 녹색학부모회 부모들이 하늘색 유니폼을 입고 학교 앞 이면도로며 주변 횡단보도에서 교통정리를 하고 있었다. 할머니와 어머니 들 사이에 사내 몇몇과 홈케어 로봇이 뒤섞여 아이들과 학교로 향했고, 아이가 교문 안으로 들어가는 걸 보고는 주변 지인들과 이야기 나누는 이들도 있었다.

사내는 아이가 교문에 들어서는 걸 보고 바로 집으로 향했다.

잠을 좀 잘까 싶었는데 세탁기를 돌려달라고 했던 아내의 메모가 생각났다. 세탁 바구니의 빨래를 세탁기에 집어넣고 버튼을 누르고 소파에 앉았다. 침대에 누워 뻗으면 저녁까지 계속 자버릴 것 같았다. 세탁기가 탈수까지 해주지만 빨래를 세탁기에 오래 놔두면 구김도 많이 가고 아내에게 타박도 받을 테니 소파에 앉아 버티기로 한다. 입맛은 없지만 그래도 뭔가를 먹어야겠다고 생각하고 있는데 휴대전화 문자가 왔다. '형, 나 기사야. 괜찮을 때 전화 줘.'

"어 형, 안 자고 있었네."

"응. 세탁기 좀 돌려야 해서."

"그렇군. 혹시 자고 있을지 몰라 문자 했지. 좋은 소식. 전에 형이 얘기했던 거, 자리 날 것 같아."

"오 정말? 오랜만에 좋은 소식이네. 하하. 그래 언제부터 일할 수 있나?"

"나이가 낼모레면 환갑이라 그러지 않아도 그만둘 것 같아 보이는 아저씨가 있어서 전에 형 만난 다음날 바로 얘기해뒀지. 아저씨가 형 준비되는 대로 넘겨준다고 하더라."

"아, 좋아. 그럼 그분 트럭이랑 택배 보조 로봇을 내가 인수하는 식으로 하면 되나?"

"그게 좋지 않겠어? 새로 구입하는 것보단 쌀 거고, 돈만 준비되면 바로 인수인계하기도 편하고. 트럭 인공지능도 그 지역에 훤하니 일하기 편할 거야. 대충 한 2천만 원 생각하는 것 같더라고. 택배 보조 로봇은 매월 구독하는 거니까 따로 돈 들어갈 건 없고."

"오 그래. 좋군. 일단 아내랑 얘기해볼게. 2천이면 은행에서 대출받는 것도 별 문제 없을 거야. 회사에 얘기해서 새로 한 명 구하고 인수인계하는 데 얼마나 걸릴지 모르겠네. 아마 길어도 한 달이면 될 거야. 확인하는 대로 문자 줄게."

"근데 모니터링 일 편한데 수입도 별 차이 없을 것 같고. 왜 군이 택배일을 하려고 해? 보조 로봇이 있어도 이거 되게 힘들어."

"야, 한 3년 밤낮이 바뀌니까 죽겠다. 식구들 얼굴 제대로 본 게 한 달은 된 거 같고. 몸이 좀 힘들어도 낮에 일하고 밤엔 애랑 아내랑 같이 있고 싶어."

"그렇군. 형수님도 좋아하시겠어. 준비되면 연락 줘. 나도 배달해야 돼서 그만 끊어."

기사는 차에서 내리면서 트인에게 말을 건넨다.

"형수님 생각해서 그런 것도 있겠지만 미안해서지 뭐. 다들 해고당했는데 혼자만 그 회사에서 일하는 게 맘이 편했겠어? 아무래도 마음이 고된 것보다야 몸이 고된 게 낫겠지.”

"그렇지. 주인도 이제 컸군. 그런 것도 다 생각하고."

트럭 뒷자리의 깜냥이가 트인 말이 맞다는 듯 입을 크게 벌리고 하품을 한다.

군집운행

지금, 군집운행

트럭 군집주행이라는 말을 들어보았나요? 군집주행이란 여러 대의 트럭이 일정한 간격을 유지하면서 줄지어 달리는 걸 말합니다. 맨 앞 트럭이 가속, 감속, 제동 등을 하면 뒤에 따라가는 트럭들이 차량 간 통신을 통해 이를 실시간으로 따라 합니다. 또 차량에 설치된 각종 센서를 통해 수집된 정보도 실시간으로 공유해요. 요즘은 자율주행 기술까지 접목되어 선두 트럭만 운전자가 운전하고 나머지 트럭은 자율주행으로 움직이게 하려는 시도도 있습니다.

군집운행을 하면 어떤 점이 좋을까요? 우선 연료비를 아낄 수 있습니다. 트럭들이 바짝 붙어서 달리면 공기저항이 줄어들어서 연비가 좋아져요. 연료를 15% 정도 덜 쓰게 됩니다. 운전자 피로도도 줄일 수 있습니다. 휴게소에 들르는 횟수를 줄일 수 있고, 자율주행 기술이 발전하면 운행 중 운전자들이 쉴 수도 있죠.

또 교통사고 위험도 낮출 수 있어요. 트럭들이 똑같은 속도로 일정한 간격을 유지하며 달리니까 추돌사고 같은 걸 예방할 수 있죠. 궁극적으로는 물류비용을 크게 절감할 수 있습니다. 운송 시간도 단축되고 인건비도 줄일 수 있으니까요.

그래서 요즘 국내외에서 트럭 군집주행 상용화를 위해 많은 노력을 기울이고 있습니다. 유럽에서는 '앙상블'이라는 대형 프로젝트를 성공적으로 진행했고, 미국에서는 오토, 펠로톤 같은 기업들이 앞장서고 있습니다. 일본도 정부 주도로 2018년에 실증 실험을 진행했고, 2021년에는 선두 트럭을 제외한 뒤 트럭들은 자율주행을 하여 군집운행에 성공했습니다.

우리나라도 빠르게 따라가고 있어요. 정부가 2027년 고속도로 상용화 목표를 세웠고, 현대자동차도 상용화를 추진 중입니다. 스타트업들도 기술 개발에 뛰어들었고, 각지에서 실증 사업이 진행되고 있습니다. 아마 처음에는 화물선이 들어오는 항구에서 근처 물류 기지까지 단순한 노선에서 시범 운영을 시작할 것이고, 이후 물류기지와 물류기지 사이의 정기적인 노선으로 시범 운영이 확대될 것으로 예상합니다. 현재 자율주행 시내버스나 택시의 시범 운영과 비슷한 속도를 내지 않을까 생각합니다.

10년 후, 군집운행의 장단점

2030년대 중반, 자율주행과 군집주행이 본격화되면 어떤 현상이 나타날까요?

우선 경제적으로는 물류 효율화로 인한 경쟁력 강화를 기대할 수 있습니다. 기업들의 물류비 부담이 줄어들면 신산업 투자에 더 많은 여력을 쏟을 수 있겠죠. 물류비용이 줄어들면 소비자 물가 안정에도 도움이 될 수 있습니다. 이는 앞서 이야기한 연료비 절감만 해당하는 이야기는 아니에요. 가령 다섯 대의 트럭이 군집운행을 한다고 가정해볼게요. 한 명이 제일 앞 트럭을 몰고, 한 명은 조수석에서 휴식을 취합니다. 두 시간 운전 뒤 임무 교대를 하는 식으로 운전자 두 명이 다섯 대의 트럭을 밤새 군집운행할 수 있습니다.

이에 따라 개인의 삶도 달라집니다. 운전자들은 장거리 운전의 피로에서 벗어나 삶의 질을 높일 수 있습니다. 사고 위험도 줄어들어 생명을 지키는 것은 물론 과로나 스트레스성 질병도 예방할 수 있을 거예요.

고속도로 정체도 줄어들게 됩니다. 자율주행 군집운행은 트럭들이 개별적으로 움직이는 것보다 도로를 적게 차지하기 때문이에요. 교통사고도 줄어들게 됩니다. 현재까지의 실증과 시뮬레이션에 따르면 자율주행을 하는 자동차가 사람이 모는 자동차에 비해 교통사고를 훨씬 덜 내니까요. 특히 덩치가 큰 트럭에 의한 사고는 대형 참사로 이어지기 쉬운데, 이를 방지하는 데 큰 도움이 될 것입니다.

하지만 장점만 있는 것은 아닙니다. 무엇보다 일자리 문제가 걸립니다. 자율주행 군집운행으로 인해 운전 일자리가 크게 줄어들 테니까요. 만약 다섯 대의 트럭을 운행할 때 맨 앞차만 운전사가 있어도 된다면 나머지 네 대에 해당하는 일자리가 사라지는 것이죠. 두 명의 운전자가 교대로 운전한다고 해도 다섯 명 중 세 명의 일자리가 사라지는 것이니 여간 심각한 일이 아닙니다. 미국 화물차노동조합에선 이 때문에 군집운행을 반대하고 있습니다.

또 물류비가 줄어든다고 반드시 소비자 물가가 낮아지는 것도 아닙니다. 관련 기업들의 이익만 커질 수도 있지요. 그리고 자율주행 군집운행을 하기 위해서는 초기 비용이 꽤 클 것이기 때문에 대형 물류기업을 중심으로 도입되기 쉽겠죠. 그러면 영세한 운송사나 개인 사업자는 대기업과의 경쟁에서 불리한 상황에 처하게 됩니다.

하지만 군집운행 자체가 가지는 장점이 분명해서 도입 자체를 막기는 쉽지 않을 거예요. 그렇다면 군집운행 도입에 있어 가장 시급하게 해결할 문제는 무엇이라고 생각하나요?

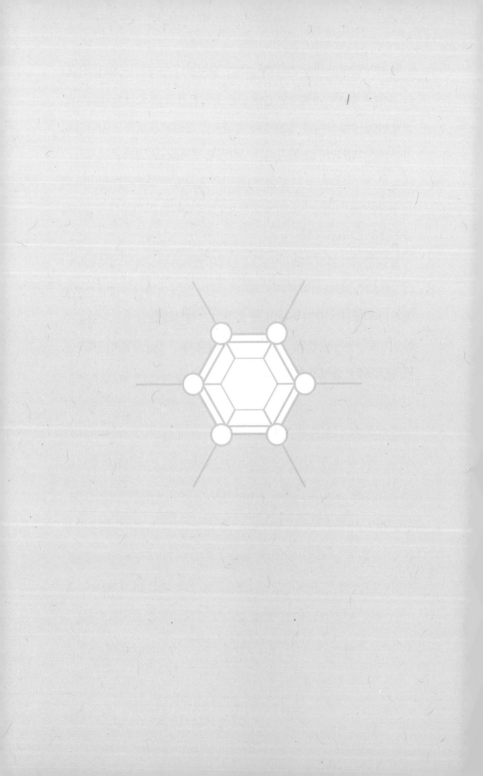

9장

우주에서
날아온 전기

"박사님 정말 눈치가 없군요. 모르겠어요? 실제로 얼마나 위험한가는 저한테 중요한 게 아니에요. 제가 여기 사는 것도 아닌데, 저 여기 안 산 지 2년이 넘어요."

"네?"

형탁은 눈을 동그랗게 떴다.

"중요한 건 다들 위험할 수도 있다고 생각하는 거예요. 딴 곳도 많은데 그럼 여기로 이사 오겠어요?"

한숨을 쉬며 위원장이 말한다.

"이사 올 사람이 없으면 재개발이 되질 않아요. 그렇지 않아도 요새 재개발이 힘든데 이런 이슈까지 있으면 완전 끝장이죠."

"그래서 정부에서 매입하겠다고."

"아니, 정부에서 매입한다고 하면 팔고 싶겠어요? 재개발하면 최소한 평당 천만 원은 더 받을 수 있는데. 내 집이 32평이에요. 3억 2천."

"아, 3억 2천."

형탁은 눈을 껌뻑거렸다.

"그래서 박사님 의견이 중요해요. 꼭 위험하다! 이렇게 얘기하지 않으셔도 좋다니까요. 저희도 박사님한테 거짓말하시라는 게 아니잖아요. 이럴 수도 있고 저럴 수도 있다, 조사해봐야 한다, 뭐 이런 얘기 다 좋아요. 일단 위험할 수도 있다고만 해주시면 됩니다."

"아, 그게 꼭 그런 게 아니라...."

"박사님, 제가 듣기로 과학 하시는 분들은 이렇다 저렇다 단언하지 않으신다면서요. 1%라도 다를 여지가 있으면 확언할 수 없다면서요."

"예, 그건 그렇죠."

"바로 그거예요, 박사님. 조그마한 의문점이라도 있다면 그럴 여지가 있다고 하실 수 있는 거잖아요. 그 얘기만 해주시면 됩니다. 자문료가 부족하세요? 저희가 조금씩 더 거둬 천만 원 맞춰 드릴게요."

"아니, 자문료가 문제가 아니라...."

형탁은 겨우 그 자리를 빠져나왔다. 온몸 땀구멍마다 땀이 흘러나오는 느낌이다. 어쩌다 이곳에 발을 디딘 거지? 지방대학이라도 부교수로 대우받으며 꼬박꼬박 월급 받을 때가 좋았다. 학생 수가 차츰차츰 줄더니 결국 학교가 문을 닫았다. 순식간에 백수가 되었다. 다른 대학들도 다들 학생이 줄어 난리라 있는 교수도 줄이는 형편인지라 교수 자리가 생길 리 없다. 차라리 비정규직이라도 어디 연구소에 들어가고 싶지만 만만치 않다.

형탁이 연락을 받은 건 며칠 전이다. 무슨 대책위원회에 자문을 해주면 자문료가 꽤 쏠쏠할 거라며 한 동기가 연락을 해왔다. 교수직 그만두고 이리저리 일자리를 알아보러 다니는 걸 들은 눈치였다. 하긴 형탁처럼 인맥 없는 사람이 있는 연줄 없는 연줄 다 동원해 여기저기 이야기하고 다녔으니 귀에 들어갔겠지. 딴에는 도와준다고 연락한 걸 거다.

첫 통화를 하고 이력서를 보내주니 금방 연락이 왔다. 자문료가 500만 원이라니 적은 금액이 아니다. 돈에 혹해 어떤 일인지도 모르고 하겠다고 한 게 화근이었다. 경기도 동주 신도시 부근에 태양광 안테나를 짓는데, 주변에 미칠 파급효과에 대해 말해달라고 한다. 태양광 안테나? 알고보니 우주태양광 이야기다.

몇 년 전부터 나왔던 이야기로 기억해서 '벌써 안테나를 지으려나보다. 아니 이렇게 빨리?'라고 생각했는데, 그리 빠른 게 아니었다. 우주태양광도 이제 막 짓기 시작해서 앞으로 5년은 더 걸린다고 한다. 하지만 우주태양광 발전소가 완공되어 전기가 생산되면 지구로 보내야 하니 지구의 안테나도 그때는 완공되어야 한다. 짓는 데 2년 정도 걸린다는데 가장 큰 난관이 부지 선정인 거다. 정부도 주변 주민들의 반대가 예상되니 선정 작업이 오래 걸릴 걸 예상한 것이고.

그리고 그 예상은 정확했다. 동주 신도시 주민들이 들고 일어났다. 주변 아파트마다 '태양광 안테나 결사 반대' 플래카드가 내걸렸다. 축산 농가들도 나섰다. '태양광 안테나 설치하면 우리 소 다 죽는다.' 머리띠를 두르고 시위에 나선다. 비상대책위원회가 구성되고, 시청 앞에서 집회를 하고, 경기도청 앞에서 드러눕고, 광화문 사거리에서 3박 4일 점거 농성도 서슴지 않는다.

그 와중에 여론전을 좀 더 치밀하게 펼치기로 했나보다. '태양광 마이크로파 우리 자식 다 죽인다' '마이크로파 맞으면 암 발생률 200%', 이런 식으로 있는 근거 없는 근거를 죄다 대며 정부가 동주 신도시 시민을 다 죽인다고 여론전을 편다. 결국 정부와 비대위가 공동으로 공청회를 열기로 했고, 형탁에게 비대위 측 전문위원으로 나서서 의견을 말해달란 거다.

애초에 자문을 해달라고 했지 나서서 얼굴 팔란 이야기는 아니었다. 형탁은 아무래도 아닌 것 같아서 자문료를 돌려주겠다고 하며 거절 의사를 보였다. 그런데 절대로 돌려받을 수 없다고, 지금 다른 사람을 다시 구할 수도 없다고 거절을 거절한다. 그리고 돈이 1천만 원으로 올랐다.

'아무리 그래도 이건 아니지. 내가 돈이 궁해도 천만 원에 양심을 팔 순 없잖아. 솔직히 여기 나서면 내 경력도 꽝이 되는 거고.'

형탁은 마음이 복잡하다. 대학 교수로 임용되면서 만나 늦게 결혼한 아내도 대학이 문을 닫아 같이 실업자가 되었다. 그래도 형탁은 이공계라 어찌 취업이 다시 될지 모르지만 아내는 문과, 그것도 국문과다. 여기저기 알아보는데 자리가 없다. 요새 출판사에서 편집 외주를 받아와 일하는 모양인데 큰돈이 되질 않는 눈치다.

당장 천만 원이면 적은 돈은 아니다. 둘이 아끼면 석 달 생활비다. 하지만 덥석 받으면 앞으로 전공 분야에선 일할 곳이 없을 거다. 혹시 외국으로 나가면 모르지만 그것도 쉬운 일은 아니다.

집에 도착한 형탁을 기다리는 건 현관 앞에 놓인 택배 상자다.

아내가 뭔가를 주문한 모양이다. 택배 상자를 들고 집에 들어가며 생각한다. 차라리 택배나 할까? 어차피 연구자로서의 길은 앞이 보이지 않는데, 건강에는 큰 문제가 없으니 서둘러 다른 쪽을 알아보면 어떨까? 택배 기사를 하는 것도 나쁘진 않을 것 같은데.

아내에게 넌지시 말을 건네자 타박이 돌아온다.

"당신 지금 택배 무시하는 거야? 그 택배 상자 들고 엘베 말고 계단으로 올라와볼래?"

"아니, 엘리베이터 있는데 왜 계단?"

"엘베 고장 나면 걸어 올라와야지. 당연한 거 아냐? 아님 2리터 생수 열두 개짜리 묶음 들고 옮겨보든가."

"그래도 이상한 거 자문하는 거보단 낫지 않을까?"

"그걸 말이라고 해? 그거 자문하면 나랑 이혼할 줄 알아."

"무섭군."

형탁은 생각한다. '내가 돈이 없지 가오(체면이나 명예를 뜻하는 속어)가 없나.'

하지만 그래도 돈은 벌고 싶다.

우주태양광

지금, 우주태양광

우주태양광 발전이 대체 에너지로 주목받고 있습니다. 우주 공간에 태양광 패널을 설치해 전기를 생산하고 이를 마이크로파나 레이저로 바꿔 지상의 수신 시설로 보냅니다. 수신 시설에서는 이를 다시 전기로 변환해 전력망에 공급한다는 개념이죠.

장점은 확실합니다. 24시간 발전이 가능하고, 항상 일정한 양의 전기를 생산합니다. 지상 태양광이나 풍력처럼 들쑥날쑥하지 않으니 안정성이 중요한 전력 공급에서 큰 우위를 가집니다. 또 지상에선 날씨가 흐리거나 비가 오면 발전효율이 떨어지고 그렇지 않더라도 햇빛이 대기를 통과하는 동안 흡수되거나 산란되는 경우가 있는데, 그런 장애가 없으니 같은 면적에서 훨씬 더 많은 전력을 생산할 수 있습니다.

하지만 실현하기까지는 기술적 난제가 많습니다. 우선 우주에 거대한 구조물을 건설하는 일 자체가 쉽지 않겠죠. 부품을 우주로 운반해 조립하려면 엄청난 비용이 들 테고, 게다가 우주 환경은 복잡하고 가혹해서 재료나 설비의 내구성이 지상보다 훨씬 더 높아야 합니다.

에너지 전송 효율을 높이는 것도 관건입니다. 마이크로파나 레이저로 에너지를 보낼 때 손실이 생기는데, 이걸 줄여야 합니다. 수신 안테나의 크기나 정밀도도 에너지 효율에 영향을 미친다고 하고요.

그럼에도 장점이 워낙 강력해서 세계 각국이 기술 개발에 박차를 가하고 있습니다. 미국, 중국, 일본, 유럽 등 우주 강국들이 다양한 실증 프로젝트를 추진 중이고 우리나라도 기술 로드맵을 세우고 연구개발에 투자하고 있습니다.

10년 후, 우주태양광의 장단점

우주태양광 발전은 기후위기 대응에 있어 게임 체인저(게임의 판도를 바꿀 수 있는 것. 혁신적 아이디어로 업계의 판도를 뒤바꾼 사건이나 인물을 의미함)가 될 수 있습니다. 간헐적인 전력 공급이라는 재생에너지의 고질적 한계를 극복할 수 있기 때문인데, 이것이 바로 우주태양광 발전의 가장 큰 장점이죠.

하지만 이런 장밋빛 전망에도 불구하고 우주태양광 발전은 국가 간 불평등을 심화시킬 위험이 있습니다. 우주기술을 독점한 선진국들이 우주태양광 발전 시장까지 장악할 가능성이 높거든요. 그러면 개발도상국들은 선진국의 기술에 의존할 수밖에 없고 막대한 특허료를 내야 할지도 모릅니다. 미국 퀄컴사가 이동통신 분야에서 독점적 지위를 이용해 특허료를 높게 책정한 것처럼, 우주태양광 기술을 가진 소수 기업들이 비싼 사용료를 요구할 수도 있는 것이죠. 결국 개발도상국은 에너지 주권을 빼앗기고 선진국에 종속될 수도 있습니다.

이익 분배의 불균형도 큰 문제가 될 수 있습니다. 우주태양광 발전으로 막대한 수익이 창출되겠지만, 그 혜택은 고스란히 선진국과 대기업에 돌아갈 가능성이 크죠. 아프리카 등지의 자원 개발에서 다국적 기업들이 현지인을 착취해 이익을 독점해온 것처럼, 우주태양광 발전에서도 비슷한 구조가 재현될 수 있습니다.

더 큰 위험은 군사적 불평등입니다. 우주태양광 발전 기술을 군사 목적으로도 이용할 수 있습니다. 우주태양광 발전 위성이 적국을 향해 고출력 마이크로파를 발사하는 무기가 될 수도 있는 것이죠. 적국의 발전소나 군수공장 구축함, 인공위성 등 어디라도 정밀 타격할 수 있는 공포의 무기가 됩니다. 반면 개발도상국은 우주 무기 개발에서 완전히 배제되면서 강대국의 군사적 위협에 무방비로 노출될 수밖에 없습니다. 사실 미국, 중국, 유럽 등 선진국이 우주태양광 발전에 투자하는 이유에는 군사적 목적도 적지 않습니다.

우주태양광 발전은 기후위기 극복의 희망이 될 수 있지만, 동시에 새로운 불평등과 분쟁의 불씨가 될 수도 있습니다.

여러분은 우주태양광 발전이 인류에게 이롭게 쓰이도록
하기 위해 어떤 국제 협약이 필요하다고 생각하나요?

10장

호란네 의원
이야기

하루 24시간 언제나 진료합니다.
편한 시간에 어디에 계시든 진료받을 수 있습니다.
소아과, 노인과, 내과, 외과, 이비인후과 모두
전문의 항시 대기
원격진료는 대한대학 부설병원

기사의 택배 트럭 짐칸 바깥 부분 광고가 바뀌었다. 요사이 원격진료 광고가 한창이더니 택배 트럭 짐칸 옆 부분 래핑도 온통 원격진료 광고다.

기사와 함께 커피를 마시던 호란이 카페 바깥에 주차한 기사의 택배 트럭에 눈길을 준다.

"저 트럭도 원격진료 광고네. 저거 보니 생각난다. 원장 샘 친구 중에 페이닥터 하는 사람이 몇 있어."

"페이닥터?"

"응. 의사 중에 개원하지 않고 다른 병원에서 월급 받는 사람을 페이닥터라고 해."

"그런데?"

기사는 호란에게 자기 몫의 치즈케이크를 슬며시 밀면서 묻는다.

"요새 페이닥터가 예전보다 더 늘어나고 있다더라고."

호란은 당연한 듯이 치즈케이크를 한 스푼 떠서 입에 넣는다. 냠냠.

호란 말로는 원격진료 때문이라고 한다. 감기나 독감, 비염 같은 건 대부분 약 처방만 받으면 되니까 원격진료 비중이 엄청나게 늘고 있다고. 거기다가 당뇨병이나 관절염 같은 경우도 병원에 직접 가야 할 일이 세 번 중 한 번 정도로 줄었다고 한다.

그런데 사람들이 어차피 원격진료를 받는 거면 동네 병원보다 큰 병원에서 하려 한다는 것이다. 동네 병원은 내과, 외과, 소아과 등이 다 따로라서 원격진료 신청하기가 불편하고 24시간 진료하는 경우도 드물다. 이에 비해 대형 병원은 모든 진료과목이 다 있고 24시간 진료도 가능하니 편리하다. 그러니 자연히 원격진료 중 상당 부분이 대형 병원 몫이 되었다는 것이다.

그래서 동네 의원들 수입이 줄어드니 의원 문을 닫고 페이닥터로 나서는 일이 늘었다고 한다. 또 큰 병원들은 24시간 원격진료를 하려니까 원격진료 전문 의사를 새로 고용하는 일이 늘었다고 한다.

"요새 우리 의원도 사정이 좋질 않아."

"그래?"

커피가 쓰다. 스페셜티라는데 특별하게 쓴 느낌이다.

"원래 이비인후과는 자잘한 병이 많은 곳이거든. 비염, 독감, 감기 뭐 이런 거. 물론 수술도 하지만 그건 드문 일이고. 한 사람당 진료비는 얼마 안 되지만 대신 애들부터 노인들까지 바글바글하지. 정말 푼돈 모아 운영하는 거거든. 그런데 감기랑 독감 같은 건 그냥 약만 처방하면 되니까 요샌 다들 원격진료를 신청해. 그 바람에 직접 찾아오는 사람이 한 3분의 1은 준 것 같아."

"그래서? 너 잘리는 거야?"

"그건 아니고. 원장이 새 아이템을 준비하려나봐. 쉽게 말해서 찾아가는 진료실 뭐 그런 거야."

"찾아가는 진료실?"

"옛날에 왕진이라고 의사가 직접 환자 집으로 가서 진료를 하는 제도가 있었어. 지금도 없진 않지만 드물지."

"그래? 의사가 집으로도 와? 난 처음 듣는데. 환자가 가야 하는 거 아냐?"

"비염이나 감기 같은 거야 환자가 오는 게 그리 힘들지 않지. 하지만 어디 부러져서 누워 있다든가 아니면 너무 쇠약해서 혼자 움직이기 힘들면 병원 오는 것도 일이거든. 보호자도 같이 와야 하는데."

"응, 그거야 그렇겠지."

"왕진을 하지 않는 건 일단 돈이 되질 않아서야. 진료실에 앉아 있으면 환자가 연이어 오니 환자 한 명당 5분 정도 진료한다면 한 시간에 열두 명을 볼 수 있잖아. 두 시간이면 스물네 명이고. 그런데 왕진을 가면 최소한 한 시간 이상 잡아먹히니 환자 열두 명 볼 시간에 한 명밖에 못 보는 거잖아. 의사 입장에선 왕진가기 싫지. 환자도 왕진 요청하면 비용이 많이 드니 웬만하면 자기가 찾아오는 거고. 결국 왕진이 환자 입장에서는 꽤 편리한 건데 비용 때문에 엄두가 나지 않고, 의사 입장에서도 매출 생각하면 되도록 가고 싶지 않고."

돈 문제가 나오면 머리가 아파지는 기사다. 하지만 호란은 아랑곳하지 않고 남은 치즈케이크를 먹으며 말을 이어간다.

"그런데 원장 생각은 원격진료를 이용하면 좀 다르다는 거야. PA간호사라고 진료 보조 간호사가 있어. 한 10년 전부터 생긴 제도인데 이 사람들은 신체 검진도 하고 처방전도 발행할 수 있어.

수술 보조도 하고. 왕진 예약받은 사람들을 이 간호사들이 오토바이를 타고 직접 가는 거야. 의사가 아니니까 의사 왕진을 완전히 대체할 순 없지만 간단한 진단과 처방은 할 수 있거든. 요새 원격진료 대부분이 그런 수요고. 거기다가 간호사가 가서 보고 확인이 좀 필요하고 의사 처치가 있어야겠다 싶으면 거기서 원격진료를 하면 된다는 얘기지. 그러니 노인들 중심으로 계획을 잘 짜면 간호사 한 명당 한 시간에 서너 명은 볼 수 있어. 그럼 하루에 최소 스무 명을 볼 수 있지. 이런 간호사를 한 다섯 명 고용하면 하루에 100명 진료를 볼 수 있고."

"우와, 대단하네. 한 달이면 2천 명을 진료하는 거잖아. 그런데 그러면 간호사가 직접 영업을 하면 되잖아."

"우리나라 법에 간호사는 의사 지시에 따라 진료도 보조하고 처방도 하는 거야. 간호사가 자기 간판 걸고 하는 건 불법."

"아하 그렇군. 그럼 의사 입장에선 무조건 해야 하는 거 아냐?"

"그렇지. 그러면 그 간호사들 월급 주고도 남는 거야. 그런데 우리 의원 혼자서는 그만큼 수요가 없지. 그리고 수요가 적으면 동선 짜기가 힘들어. 사람들이 띄엄띄엄 있으니까. 간호사 새로 고용하고, 오토바이 사고, 또 이것저것 준비하는 돈도 꽤 드는데 수요가 적으면 안 되잖아. 그래서 내과랑 이비인후과, 가정의학과, 소아과, 정형외과, 신경외과, 이렇게 우리 의원하고 가까운 곳에 있는 진료과목이 서로 다른 곳 한 다섯 군데랑 엮어서 공동으로 운영하겠다는 계획이야. 일단 세 곳은 같이 하자고 하는 모양이야. 다들 어려우니까. 정형외과 한 곳만 오케이하면 당장 다음 달부터 시작하려나봐."

의사들도 힘들군. 뭐 그래도 내가 택배하는 것만큼 힘들까 싶다가 의과대학 6년에 인턴, 레지던트 해서 30대 중반은 되어야 개원하는데, 거기다 개원하는 데 드는 돈도 몇억씩 한다던데, 의원 하나 개원하면 간호사랑 간호조무사 등 최소한 서너 명 월급도 책임져야 하는데, 아이고 머리 엄청 아프겠다는 생각이 스치는 기사였다.

원격진료

지금, 원격진료

원격진료는 최근 기술 발전과 코로나19 팬데믹으로 인해 논의가 증가하고 있는 주제입니다.

기술적 사항을 보자면 실시간 화상 통신, 데이터 전송, 원격 모니터링 등 관련 기술이 빠르게 발전하고 있습니다. 또 5G 네트워크, 사물인터넷, 인공지능 등이 원격진료 시스템 고도화에 기여하고 있죠. 다만 개인정보 보호, 의료 데이터 보안 등이 해결해야 할 기술적 과제로 남아 있습니다.

사회적 준비 정도를 보자면 의료법 개정을 통해 원격진료의 법적 근거가 마련되었지만, 구체적 시행 방안은 아직 마련되지 않았습니다. 의사-환자 간 신뢰 관계, 의료사고 책임 소재 등 해결해야 할 사회적 쟁점들이 존재해요. 또 의료 인력의 디지털 역량 강화, 환자의 원격진료 활용 능력

향상 등이 필요합니다.

주체들의 찬반을 보자면 의료계와 의료소비자가 다소 엇갈리고 있습니다. 의사 중에는 원격진료의 안전성과 유효성에 대해 우려하는 사람이 더 많은 듯해요. 반면 시민단체 중에는 의료 서비스 공공성 강화 측면에서 원격진료를 지지하는 입장도 있습니다. 정부와 기업에서는 원격진료를 미래 의료 산업의 성장 동력으로 보고 적극 추진하려는 추세고요.

지방이냐 수도권이냐에 따라 원격진료에 대한 태도도 달라집니다. 의료 자원이 부족한 지방에서는 원격진료에 대한 수요와 기대가 큰 편이에요. 지역 간 의료 격차 해소, 응급 상황 대처 등에 있어 원격진료가 효과적일 것으로 기대됩니다. 다만 수도권에 비해 상대적으로 열악한 디지털 인프라가 원격진료 활성화의 걸림돌로 작용할 수 있습니다.

- 원격진료는 의료 서비스 접근성을 높여 의료 형평성 제고에 기여할 것으로 기대된다.
- 경제적 이유로 의료 서비스를 받기 어려웠던 계층에게 새로운 기회가 될 수 있다.
- 디지털 기기 보유 여부와 활용 능력 등에서 경제적 격차가 원격진료 접근성에 영향을 미칠 수 있다.
- 부유층은 대면 진료를 선호할 가능성이 높은 반면 취약 계층은 원격진료에 의존할 수밖에 없는 상황이 올 수 있다.

원격진료는 기술, 사회, 경제, 문화 등 다양한 요소가 복합적으로 작용하는 분야입니다. 기술 발전과 함께 각 주체 간 활발한 논의를 통해 사회적 합의를 도출하고, 의료 서비스의 본질인 공공성과 형평성이 훼손되지 않도록 제도를 설계하는 것이 중요하죠. 또 원격진료가 의료 격차를 오히려 심화시키는 방향으로 흐르지 않도록 정책적 배려가 필요합니다.

10년 후, 원격진료

원격진료가 본격화되면 다음과 같은 분야와 진료가 먼저 대상이 됩니다.

- 만성질환 관리: 당뇨, 고혈압, 심부전 등 지속적 모니터링과 상담이 필요한 만성질환 분야에선 웨어러블 기기, 사물인터넷 센서 등을 통해 실시간으로 수집된 건강 데이터를 바탕으로 맞춤형 진료와 처방이 이뤄질 수 있다.
- 정신건강 관리: 다른 이들에게 노출하기 꺼려하는 우울증이나 불안장애 등 정신건강 문제에 대한 상담과 치료에 원격진료가 큰 역할을 할 것이다.
- 재활치료: 스마트 글래스, AR/VR 기기 등을 활용한 원격 재활치료가 활성화될 것이다. 전문 의료진의 실시간 모니터링과 피드백을 통해 체계적이고 효과적인 재활치료가 가능해질 것이다.
- 노인 돌봄: AI, 로봇 기술 등을 활용한 원격 돌봄 서비스가 확대될

것이다. 건강 상태 모니터링, 응급 상황 대응, 정서적 교감 등 다양한 돌봄 수요를 원격으로 해결할 수 있다.

● 전문 분야 진료: 희귀질환, 중증질환 등 전문 의료 인력이 부족한 분야에서도 원격진료의 수요가 높아질 것으로 예상된다.

또 원격진료는 의료비를 절감할 수 있어 건강보험의 재정 문제에도 도움이 되고, 지방과 수도권의 의료 격차를 해소하는 데에도 역할을 할 것입니다. 그러나 원격진료와 관련한 문제점도 꽤 있습니다. 앞선 이야기에서 나타나는 것처럼 대형 병원과 작은 의원의 격차가 더 커질 수 있습니다. 또 디지털 기기 활용이 어려운 이들에게는 원격 의료 혜택이 돌아가기 힘듭니다. 여기에 의료 데이터를 어떻게 사용할 것인가에 대한 문제도 있습니다.

근본적으로는 의료가 시민의 기본적 권리라는 측면에서 이러한 문제에 접근할 필요가 있습니다. 누구나 건강할 권리를 실질적으로 누릴 수 있는 방향으로 원격진료 문제에 접근해야 할 것입니다.

여러분이 생각하는 원격진료의 가장 큰 문제는 무엇이고 그 해결 방안은 무엇인가요?

11장

탈모는 안 돼!

동수는 결혼을 앞두고 있다. 1년 동안 사귀면서 미선만 한 여자가 없다고 느꼈다. 동수네 집에서도 대환영이다. 결혼은 할 수 있을까 내심 걱정이었던 동수가 연애도 하고 결혼도 한다니 동수 부모님은 그저 대견할 뿐이다.

동수 부모님이 결혼에 비관적이었던 건 동수를 보면 한눈에 알 수 있다. 이제 겨우 서른 중반인데 앞머리가 훤하다. 모자로 머리를 가려도 최소한 40대 초반으로는 보이는 노안인데 탈모까지 겹쳐서 어떻게 봐도 40대 중반이다.

가발을 생각하지 않은 건 아니지만 젊은 나이에 가발을 쓰는 게 영 내키지 않았다. 차라리 모발 이식 수술을 하자고 돈을 모았다. 이식 면적이 워낙 넓어 1천만 원이 들었다. 그러나 만족도 잠시 몇 달 뒤 이식한 머리 뒷부분에서 탈모가 시작되었다. 옛날 중국 어린이 머리처럼 앞쪽은 머리카락이 있는데 머리 중앙 부분에 가로로 하얀 선이 생기더니 점점 넓어졌다. 의사 상담을 받아 보았지만 유전이라 모발 이식으로는 완전 치료가 불가능하다고 했다. 양쪽 귀에서 정수리로 새끼손가락 한 마디 넓이의 허연 띠가 생기면서 동수는 현실을 인정하기로 했다.

그때부터 아예 삭발을 하고 비니를 썼다. 겉으로 보기에도 그게 나았다. 선천적으로 그의 두피는 염증이 많이 생기는 편이었고, 그래서 자외선을 받으면 증상이 더 심해져서 쓰라렸다. 그렇게 비니를 쓰고 다니면서 미선을 만났고, 이제 결혼을 눈앞에 두고 있다.

동수는 호란네 병원 원장 친구이자 단골이다. 항상 비니를 쓰고 다니다 보니 두피에 염증이 자주 생겨서 종종 찾아왔다. 항상 진료가 끝날 무렵 느지막이 와선 다른 손님 차례가 끝나고 마지막으로 들어갔다. 진료를 받는 건지 수다를 떠는 건지 모를 정도였는데, 워낙 말이 많고 목소리도 커서 동수의 사연은 진료실 밖에 있는 호란도 훤히 안다. 그런데 오늘은 왠지 목소리가 진료실 밖으로 새어 나오지 않는다.

무슨 일이지? 궁금하기도 하지만 그보다는 빨리 정리하고 퇴근해서 기사를 만날 생각에 바쁘다. 잽싸게 업무 정리를 하고 진료실 문을 두드린다.

"네."

"원장님, 저 이제 퇴근하려는데요, 혹시 뭐 처리할 거 남은 게 있나요?"

아무것도 남은 게 없다고 확신하는 목소리로 묻는 호란. 그 기세에 아니라고 이야기할 수 없다는 걸 느낀, 그리고 실제로도 없는 걸 아는 원장.

"아, 먼저 퇴근하세요. 내일 뵙겠습니다."

"네. 먼저 퇴근하겠습니다."

다음 날 오후 1시 30분. 오전 진료가 끝나 다른 직원들은 식사하러 나가고 호란은 휴게실에서 도시락을 꺼낸다. 진료실에서 나온 원장. 눈이 아직도 붉은 모습이 어제 과음을 한 모양이다.

"원장님은 점심 안 드시나요?"

"아유 말도 마세요. 어제 동수랑 어찌 술을 많이 마셨는지 아직도 속이 울렁거려요."

"무슨 일로 그리 많이 드셨어요? 결혼 축하?"

"결혼 축하 술은 이미 한참 전에 마셨죠. 어제는 말이죠...."

원장은 나름 입이 무거운 편이지만 호란에게만은 아니다. 이런 일 저런 일, 남에게 하기 어렵지만 하고 싶은 이야기를 주로 꺼내는 건 호란에게다. 호란이 여기서 일한 지 벌써 6년. 그동안 호란만큼 입이 무거운 사람은 본 적이 없다. 어디 말이 새 나가지 않으니 호란은 원장에게 대나무숲이나 마찬가지다. 하긴 동수에겐 원장이 대나무숲이고, 호란에겐 기사가 대나무숲이다. 그러니 동수가 한 말은 대숲에서 대숲으로 이어져 기사에게까지 들어간다. 세상에 모든 타인에게 입이 무거운 이는 거의 없다.

그래서 동수가 원장을 찾아온 날로부터 약 한 달 뒤 기사는 호란에게 동수의 나머지 이야기를 듣고 있다.

그날 저녁 진료실에서 동수가 원장에게 상의한 내용은 신혼여행 문제였다. 겉으로는 비니를 쓰고 다니며 자신의 민머리를 우스개로 삼고 태연하게 살았어도 동수에게 탈모는 인생 전체를 걸친 심각한 문제였다. 오죽했으면 1천만 원을 들여 머리를 심었을까?

이제 결혼을 앞두고 다시 걱정이 이어졌다. 자기야 어차피 이런 인생이지만 자식에게까지 대머리를 물려주고 싶진 않았던 것. 더구나 만약 딸이라면 문제는 더 심각하다. 유전적으로 여자는 대머리가 없다지만 탈모는 심하게 일어날 수 있기 때문이다. 이리저리 알아본 결과 근본적으로 문제를 해결할 방법은 유전자 편집으로 아이를 낳는 것이었다.

동수를 대머리로 만든 유전자가 뭔지는 이미 알려져 있다. 수정란에서 그 부분만 처리하고 아이를 낳으면 고민도 끝, 대머리 유전도 끝이다. 그런데 이게 불법이다. 우리나라도, 미국도, 유럽도, 이슬람 국가들도 모두 불법이다. 하지만 방법이 없는 건 아니었다. 전 세계에서 단 한 나라, 태평양의 무슨 섬에선 합법이다. 애초에 그걸 노리고 중국과 미국의 자본들이 대규모 투자를 해서 태평양 한가운데 번쩍번쩍한 병원과 호텔을 겸한 리조트를 지었다. 전 세계에서 유전자 편집을 원하는 사람들이 모두 모이는 곳. 시술과 체류 비용이 일주일에 4천만 원이란다.

그날 동수는 원장에게 그 이야기를 하면서 2천만 원만 빌려달라고 했단다. 결혼식 예산이랑 집 새로 구하는 비용 등등을 다 따지니 거기 신혼여행 가서 시술받을 비용이 부족하더란다. 원장은 동수의 발상이 기가 막히기도 하면서 한편으론 탈모가 얼마나 스트레스였는지 새삼 느꼈다고 한다. 하지만 그래도 돈을 빌려주겠다고 할 순 없었다. 돈주머니를 쥐고 있는 아내 몰래 2천만 원을 융통하기도 어려웠고 받을 생각 않고 빌려주기에도 큰돈이었다. 어떻게든 일부라도 마련해보겠다고 이야기하면서 술을 마셨더란다.

그런데 며칠 뒤 동수에게 그 돈 필요 없게 되었다고 전화가 왔
단다. 계획은 혼자 세웠지만 아무래도 부모님에게 말씀드려야
할 것 같아서 이야길 했더니 동수 부모님은 동수를 빤히 쳐다보
며 말씀하시더란다.

"미선이랑은 얘기한 거냐?"

"예? 아니, 아직요. 두 분께 먼저 말씀드리고...."

"넌 그 나이 먹도록 뭘 배운 거냐? 이런 건 당사자 동의가 가장
중요한 거잖아."

"아, 미선이야 제가 하자면 할 거라고 생각하고...."

"너 제정신이냐? 미선이가 애는 낳을 거래? 둘 다 이미 서른 후
반이야. 아이 갖는 거 위험할 수 있어. 거기다 미선이가 아일 갖고
싶다고는 했어? 애 낳을 생각도 없는 사람에게 유전자 편집 뭐시
기 하는 거 아냐?"

그제야 동수는 아차 싶었단다. 자기는 결혼하면 당연히 아이
를 낳는 거라고 그냥 그렇게 생각했는데, 다들 자기처럼 생각할
거라 생각했는데, 그게 아닐 수 있다는 걸 뒤늦게 안 것이다.

동수가 당장 미선을 만나 확인하겠다고 했더니 어머님이 그러
시더란다.

"너 미선이한테 아이 갖고 싶다고 절대 먼저 얘기하면 안 된다.

우리 나이가 좀 있으니 아이 갖는 게 부담스러울 것 같은데, 너는 어떠니? 요새 애 없이 둘만 사는 사람들 보면 그것도 좋아 보이기도 하고. 이렇게 얘기하라고. 아이 얘기 먼저 꺼내면 아예 결혼도 안 하겠다고 할지 모른다.”

마흔이 다 되어서도 철이 없는 동수를 어머니는 심란한 눈초리로 바라보았단다.

그렇지 않아도 애 낳을 생각이 아예 없었다며 반색하는 미선이를 보면서 동수는 안도의 숨을 마음속으로 내쉬었다고 한다. 기사는 호란의 얘기를 듣고 넌지시 말했다.

“나도 애는 별로. 너는 어때?”

“웃겨. 누가 너하고 결혼은 한대?”

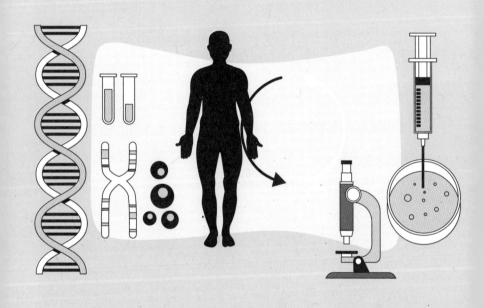

유전자 편집 아기

지금, 유전자 편집 아기

유전자 편집 아기란 크리스퍼$^{CRISPR-Cas9}$라는 유전자 가위를 이용해 수정란의 유전자를 인위적으로 조작하여 태어난 아이를 가리킵니다. 크리스퍼 유전자 가위는 DNA 염기서열 중 우리가 원하는 부분을 정확하게 잘라내고, 원하는 DNA 서열을 붙이는 일종의 가위이자 접착제이기도 합니다. 그래서 크리스퍼 혁명이라고도 하죠.

실제로 이를 이용한 많은 실험이 이루어지고 있습니다. 다양한 동물 실험을 통해 특별한 유전 형질을 가진 개체를 탄생시킬 수 있다는 것이 증명되었죠. 하지만 이를 인간에게 적용하는 것은 다른 차원의 문제입니다. 물론 유전자 치료는 현재도 이루어지고 있지만 이는 특정 부위에 대한 것입니다. 즉 심장, 신장, 간 등 특정 부위 질환에 대한 치료 목적이에요. 장래 한 명의 인간이 될 수정란에 유전자 편집을 하는 것은 일종의 금

기입니다.

그런데 2018년 11월, 중국 과학자 허젠쿠이가 HIV 감염에 대한 면역력을 갖도록 유전자를 편집한 아기들을 탄생시켰어요. 그는 크리스퍼 기술을 사용해 배아의 (HIV 바이러스의 수용체로 알려진) CCR5 유전자를 제거했다고 밝혔습니다. 이는 세계 최초의 유전자 편집 아기 사례입니다.

이에 대해 많은 과학자가 현재 기술로는 유전자 편집의 안전성을 보장할 수 없으며 예상치 못한 부작용이 나타날 수 있다고 경고했습니다. 또 유전자 편집 아기 탄생이 '디자이너 베이비'로 이어질 수 있다는 윤리적 문제도 제기되었어요. '디자이너 베이비' 혹은 '맞춤형 아기'란 부모가 원하는 특정 형질의 유전자를 인공적으로 주입한 아이를 말합니다. 예를 들면 이야기에서 나왔듯이 숱이 많은 머리, 큰 키, 금발 등 모발 색, 눈동자 색 등을 부모가 선택하는 거죠.

결국 2018년 11월, 홍콩에서 개최된 제2회 인간유전자편집 국제회의에서는 유전자 편집 배아의 임신을 강력히 규탄하는 성명이 발표되었습니다.

현재 대부분의 국가에서 유전자 편집 배아의 임신을 법적으로 금지하고 있지만 처벌 규정은 명확하지 않은 경우가 많습니다. 즉 유전자 편집 기술은 빠르게 발전하고 있지만 이를 규제하는 법률과 가이드라인은 미비한 실정이에요.

10년 후, 디자이너 베이비

처음이 어렵지 두 번째는 쉽다는 말이 있죠. 사회적·윤리적 저항 때문에 가장 먼저 사고를 치긴 어렵지만 누군가 사고를 치고 나면 뒤이어 비슷한 일을 하는 경우 저항이 줄어든다는 뜻이에요. 가령 시험관 아기의 경우도 처음 공개되었을 때는 사회적·종교적 비판이 엄청났습니다. 하지만 지금은 불임 부부에게 제시되는 아주 자연스러운 해결 방안이 되었죠.

유전자 편집 아기 또한 마찬가지일 수 있어요. 최초로 유전자 편집 아기를 탄생시킨 중국 과학자는 그 일로 몇 년간 형을 살았지만 교도소에서 출소한 후 현재 세 곳의 연구소를 운영하고 있고, 몇몇 국가에서 연구 협력 제의를 받았다고 해요. 만약 미래에 일부 국가에서 유전자 편집 아기가 합법화된다면 다양한 사회적·윤리적 문제가 발생할 수 있습니다.

디자이너 베이비가 본격적으로 등장하게 됩니다. 부모가 자녀의 외모, 지능, 운동능력 등을 자신들의 선호에 따라 선택하려 할 수 있죠. 예컨대 우월한 신체 능력과 지능을 가진 아이를 원하는 부모들이 유전자 편집 서비스에 큰 비용을 지불하는 상황이 나타날 수 있습니다. 앞의 이야기에서 농담처럼 탈모에 대해 썼지만 큰 키나 균형 잡힌 얼굴, 피부색 등의 선호가 당연히 있을 수 있겠죠.

그런데 이런 유전자 편집 기술에 대한 접근성은 개인의 경제력에 따라 크게 좌우될 것입니다. 그러면 부유층은 우수한 유전자를 가진 자녀를 출산하게 되고, 이는 세대를 거듭할수록 사회경제적 격차를 심화시킬 수 있어요. 부의 차이가 유전자 차별로 대물림되는 것이죠.

또 유전자 편집의 장기적 영향과 안전성이 아직 완전히 검증되지 않았다는 것이 중요합니다. 즉 세대를 거듭하며 예기치 못한 부작용이 나타날 가능성이 있습니다.

그리고 국가 간 규제 차이로 인한 부작용도 예상됩니다. 유전자 편집을 허용하는 국가와 그렇지 않은 국가가 있다면 일종의 유전자 편집 관광이 등장할 수 있어요. 지금도 성형수술을 하기 위해 우리나라에 입국하는 성형 관광이 있는 것처럼요.

물론 유전병 예방 등 유전자 편집의 긍정적 측면도 있습니다. 이미 유전병을 가진 것으로 확인된 태아의 경우, 그리고 유전병을 물려줄 확률이 아주 높은 부모의 경우 유전자 편집이 유일한 탈출구일 수 있습니다.

여러분은 '유전자 편집 아기'에 대해 어떤 판단을
하고 있나요? 절대 허용하면 안 된다는 주장부터
치명적 유전병의 경우 일부 허용할 수 있다는 입장,
그리고 광범위하게 허용해야 한다는 생각 등
다양한 판단을 할 수 있을 것입니다.
그 중 여러분의 선택은 무엇인가요?

12장
막걸리 한 통
옆에 두고

망우산 기슭 해맞이 공원 조금 못미처 다세대 주택 벽에 붙은 작은 평상이 있다. 그 집 이층과 반지하 101호 택배가 이틀에 한 번꼴로 있어 거의 매일 가게 되는데 평상에 지박령(자신이 죽은 곳을 떠나지 못하고 죽은 장소를 계속 맴도는 영혼)처럼 붙어 있는 아저씨가 있다.

아직 노인이라 부르긴 뭣하고 대략 50대 중반 정도로 보인다. 이순신 장군이 수루에 홀로 앉아 큰 칼 옆에 차고 깊은 시름에 잠긴 것처럼 언제나 평상에 혼자 앉아 막걸리 한 통 옆에 두고 졸음에 빠져 있다. 오전에 들리든 오후에 들리든 비만 오지 않으면 거기 앉아 졸고 있다. 사실 말을 건네본 적 없으니 조는지 명상에 잠긴 건지는 모른다.

이 동네에는 그렇게 술 한 통 옆에 두고 하루를 보내는 사람이 여기저기 있다. 동원시장 사거리 조금 지나 농협 주차장 앞 공터도 마찬가지다. 그 앞 도로를 등지고 유구한 역사를 자랑하는 붕어빵 노점이 있다. 족히 일흔은 넘어 보이는 할머니가 붕어빵과 오뎅을 주로 파는데 그 옆 냉장고에 소주와 막걸리도 있다. 노점 맞은편 주차장 입구 양옆에는 플라타너스가 한 그루씩 있고 나무를 둘러 동그란 벤치가 있다. 그 벤치에는 거의 항상 예순 정도 되어 보이는 사내들 서너 명이 앉아 있다. 옆에는 막걸리나 소주가 놓여 있고. 가끔 언성을 높이거나 다투기는 하지만 대개 다툴 기력도 없어 한두 마디 주고받곤 다시 시간과 함께 잠영에 빠진다.

그 길을 지나 동원시장 중간 골목 어귀에는 도로를 등진 채 야채를 파는 할머니가 한 분 계신다. 오전 9시 정도 자리를 잡는데 항상 아들로 보이는 중년 남자와 같이다. 할머니 유모차라고 부르는 걸 하나씩 몰고 와서 자리를 잡는다. 대파, 시금치, 우엉, 부추 같은 걸 판다. 대충 자리를 잡으면 할머니는 채소 손질을 시작한다. 대파랑 시금치, 부추 등을 다듬고 잘라 작은 플라스틱 바구니에 하나씩 담아 앞에 가지런히 놓으면 장사 시작이다.

그때까지 엉거주춤 할머니 옆에 있던 사내는 할머니가 만 원짜리 한 장을 주면 그걸 가지고 골목으로 들어가 순댓국집에 자리를 잡는다. 순대 한 그릇에 막걸리 한 병. 두어 시간을 TV를 보며 보내다 점심때가 되면 자리를 비워준다. 들은 이야기론 반대편 작은 공원 벤치에서 한잠 자는 모양이다. 그리고 점심이 지나면 할머니에게 가서 만 원 한 장을 또 받는단다. 다시 순댓국집에서 서너 시간을 보내고 저녁시간 조금 전에 장사를 마친 할머니가 부르면 같이 집에 간다고.

내가 어릴 적에도 동네에 저렇게 술로 하루를 보내는 이들이 있었다. 주머니 사정이 여의치 않은지 아니면 몸이 더 이상 술을 받아주지 못하는지 종일 소주 한 병이나 막걸리 한 병이 고작이라고 했다. 그때 동네 아주머니 말로는 알코올중독이 심해지면 술을 많이 먹지도 못한다고 했다. 맞는지 틀린 말인지 모르지만 그 이야기가 나에겐 아직도 선명하게 남아 있다.

동원시장도 망우산 해맞이 공원도 거의 매일 들리는 곳이라 매번 그들을 본다. 그렇다고 그 속사정까지 내가 물어봐서 아는 건 아니고, '당근' 커뮤니티에 올라온 이야기들을 트인이 검색해서 알려준 것이다. 하이퍼로컬 커뮤니티라는 데가 동네 온갖 이야기가 다 나오는 곳이란다. 마치 옛날 사람들이 이웃집 숟가락과 젓가락이 몇 벌인지 다 아는 것처럼 지금은 '당근'이 이웃 사정을 그들이 원하든 원치 않든 미주알고주알 알려준다.

호란이 나를 자신의 대나무숲으로 여기는 것만큼 나도 호란을 내 대나무숲으로 여긴다는 건 트인이 가르쳐준 것이다. 지금의 나도 그렇다. 오늘 트인 덕분에 알게 된 사실을 호란에게 열심히 전하고 있다.

"해맞이 공원 아저씨는 트럭 운전을 했다나봐. 그런데 자율주행하는 트럭이 많아지면서 일거리가 줄었다더라."

"자율주행해도 기사가 타야 하는 거 아냐? 너도 그렇잖아."

"나야 동네를 돌아다니니까 그런 거고. 고속도로랑 자동차전용도로에는 자율주행 전용차로가 있잖아. 보통 항구에서 물류센터만 왔다 갔다 하는 트럭은 요새 다들 군집운행이라고 해서 대여섯 대가 몰려다녀. 그런데 제일 앞에만 기사가 타지. 그러니 트럭 기사 다섯 중 한 명만 살아남는 거야."

"아, 그래서 고속버스 타고 다니다 보면 트럭들이 연이어 다니는 거구나."

"그렇지, 그렇지. 그래서 그 아저씨 원래 큰 트럭 몰던 분인데 그거 팔아치우고 트럭 행상을 했대. 아는 게 운전이라 어찌 되었건 운전만 한다고 그렇게 고집을 피웠다더라. 그런데 요새 행상에서 뭐 사 먹는 사람 거의 없잖아. 한 6개월 하다가 그 트럭도 팔아버렸대. 그러곤 한 2년째 그 평상만 지키고 있는 거지."

"그 사람 가족은 없어?"

"왜 없겠어. 부인하고 딸하고 셋이서 살았다는데 맨날 평상에서 막걸리만 마시는 사람하고 같이 살고 싶겠어? 얼마 전에 이혼하고 혼자 산다더라."

"동원시장 아저씨는 원래 자동차 정비일을 했다더라. 그런데 전기차 때문에 일하던 정비소가 망했대."

"전기차가 왜?"

면허가 없는 호란이 묻는다.

"정비소에 가는 가장 잦은 이유가 엔진오일이랑 필터 교환이야. 그런데 전기차는 엔진 자체가 없거든. 벨트 점검이나 냉각수 교환 같은 것도 전기차는 아예 해당이 안 되니까 정비소 갈 일이 거의 없지. 전기차 정비 중 가장 흔한 게 타이어 교첸데 그거야 이전 차들도 마찬가지였고. 가장 비싼 게 배터리 교환인데 그건 작은 곳에선 못해. 현대나 기아차 같이 자동차 판 곳에서 대부분 처리하지. 그러니 손님이 뚝 끊긴 거야."

간 만에 아는 척 한다.

"그래서 트인 이야기론 조그만 정비소는 절반 정도가 문을 닫았다는 거야. 동원시장 아저씨도 그렇게 일을 그만둔 거고. 한 30년 자동차 정비만 했는데, 다른 정비소도 다 문을 닫으니 일할 곳이 없다나봐."

"그렇다고 맨날 술만 마시면 되나. 어디 다른 일자리라도 알아봐야지."

"그게 쉽지 않았나 봐. 몇 달 놀다가 이곳저곳 알아봤는데 결국 노가다밖에 없었다지 뭐야. 처음에는 인력시장 통해서 열심히 나갔겠지. 애도 있으니 어떻게든 먹고살려고 했겠지. 그런데 익숙하지 않은 일을 해서 그랬는지 디스크가 터졌다더라고."

"아이고 세상에."

"그래서 몇 달 누워 있는데 부인이 이혼하자고 했대. 이혼해서 한부모가정이 되면 보조금이 꽤 나오니까 그거 받아서 애 교육이라도 제대로 시키자고. 처음에는 서류상으로만 이혼하는 걸로 이야기가 됐고. 그래도 한부모가정 인정을 받으려면 따로 살아야 하니 부인은 애랑 처가에서 살기로 했었대."

"그렇게 1년 정도 지나니 서류상 이혼이 진짜 이혼이 되었다고해. 안 보면 멀어지는 건 당연하잖아."

"그 뒤론 그냥 자기 어머니랑 합쳐서 저리 산다고 하더라고. 자기 나이에 뭔 일을 새로 시작할 것도 없고, 그저 되는 대로 살다가겠다고."

"그래도 그걸 보는 어머니 마음은 어떻겠어. 어머니 생각을 해서라도 어떻게든 정신을 차려야지."

"글쎄 네 말이 옳긴 하지만, 그게 말처럼 그렇게 쉽게 되진 않지. 한 번 꺾인 마음이 어디 풀로 붙인다고 붙어지겠어?"

전기자동차와 일자리

지금, 전기자동차로 인해 사라지고 있는 직업들

앞서 로봇의 도입과 자율주행 때문에 사라질 일자리를 살펴봤는데 이번에는 전기자동차 도입으로 인해 사라질 직업들을 살펴볼게요.

전기자동차는 내연기관 자동차에 비해 부품 수가 3분의 1밖에 되지 않습니다. 일단 엔진이 필요 없고 속도를 조절하는 변속기도 필요 없어요. 엔진이 없으니 엔진 냉각장치도 필요 없습니다. 배기가스가 없으니 배기 장치도 필요 없겠죠.

이렇게 자동차 부품이 줄어드니 자연히 자동차 부품을 완성차 업체에 납품하는 기업의 경우 앞으로 일거리가 줄어들 수밖에 없습니다. 자연스레 공장에서 일하는 노동자도 줄어들겠죠. 현대자동차 같은 완성차 업체에서도 일자리는 줄어들 거예요. 부품 수가 적으니 조립 과정이 이전보다 간단해지기 때문이죠.

자동차 부품이 줄어들면 정비할 일도 줄어듭니다. 현재 전기자동차를 보면 내연기관 자동차에 비해 정비소 갈 일이 3분의 1 정도밖에 되지 않습니다. 우리나라에 자동차 정비업을 하는 곳이 약 4만 곳 정도 되는데 이 중 3분의 1 정도은 사라질 수 있는 것이죠.

자동차가 전기로 가니 휘발유를 넣을 필요가 없습니다. 전기차가 늘어나면 주유소 수입이 줄어들겠죠. 주유소에서 일하는 이들도 줄어들게 됩니다. 주유소는 충전소로 전환할 수 있겠지만 전기 충전은 시간이 오래 걸려 수요가 주유소만큼 많진 않을 테니까요.

휘발유나 경유 소비가 줄어들면 관련 산업도 구조조정이 불가피할 것입니다. 이에 따라 산업 노동자들의 일자리도 줄어들게 됩니다. 다만 이런 변화가 반드시 일자리의 소멸만을 의미하는 것은 아니에요. 전기차 시대로의 전환은 새로운 형태의 일자리를 창출할 것입니다. 충전 인프라 구축, 배터리 기술 개발, 소프트웨어 개발 등 관련 분야 고용은 증가할 것으로 기대됩니다.

10년 후, 전기자동차가 대세

현재 국내 전기차 보급률은 약 2% 수준이지만 2030년대 중반까지 30-40% 수준으로 증가할 것으로 예상됩니다. 이는 내연기관차 수요의 급격한 감소를 의미하며, 관련 산업에도 큰 타격을 줄 것입니다.

현재 전국에 약 4만 개의 자동차 정비업체가 있는 것으로 추산되는데,

이 중 80% 이상이 소규모 업체입니다. 전기차 시대에는 정비 수요 감소로 인해 이 중 50% 이상이 폐업하거나 통폐합될 것으로 보입니다. 이에 따라 약 30만 명에 달하는 정비 인력의 일자리가 위협받을 수 있습니다.

국내 자동차 부품 산업 노동자는 약 30만 명이에요. 이 중 50% 이상이 내연기관 관련 부품을 생산하는 중소기업에 종사하고 있죠. 전기차 전환으로 인해 이들 기업의 매출은 2030년까지 30-40%가량 감소할 것으로 전망되며, 이는 10만 개 이상의 일자리 감소로 이어질 수 있습니다.

현재 전국에 약 1만 3천 개의 주유소가 운영 중이며 관련 노동자는 약 10만 명에 달합니다. 2030년까지 주유소의 30-40%가 충전소로 전환되거나 폐업할 것으로 보이고, 이로 인해 3-4만 개의 일자리가 영향을 받을 것입니다.

석유화학 및 1차 금속산업 종사자 수는 각각 10만 명, 5만 명 수준입니다. 전기차 전환으로 인한 석유 수요 감소로 석유화학 산업의 생산량은 2030년까지 20%가량 감소할 것으로 보이며, 1차 금속산업도 10% 이상 생산량 감소가 예상됩니다. 해당 산업 종사자의 10-15%가량이 영향을 받을 수 있습니다.

물론 전기자동차 생산과 관련해 여러 일자리가 새로 만들어질 것입니다. 예를 들어 전기자동차 충전 인프라 확대로 관련 일자리는 2030년까지 5만 개 이상 창출될 것으로 기대됩니다. 그러나 문제는 사라진 일자리에서 일하던 이들이 새로 생기는 일자리로 옮기기가 쉽지 않다는 것이죠. 기업에서는 구조조정이 필요할 때 비정규직을 먼저 줄입니다. 정규직에 비해 해고하기 쉽기 때문이에요.

반면 새로 생기는 일자리는 주로 젊은이들이 고용됩니다. 특히 정규직이면서 전문적인 일자리는 더욱 그런 경향이 크죠. 그렇다고 전기자동차로의 전환을 늦출 수도 없습니다. 기후위기를 극복하는 과정에서 필수적인 요소니까요.

여러분은 이와 관련하여
어떤 대책이 가장 중요하다고 생각하나요?

13장

사라진 애인

10년 조금 전 기사가 중학교에 다닐 때 애플에서 '비전프로'란 제품이 나왔다. 친구 집에 놀러 갔다가 개발자인 친구 아버지가 회사에서 지급받은 걸 써봤다. 첫 느낌은 '와, 굉장하군'이었지만 몇 분 쓰지 못하고 벗었다.

　무거웠다. 스키 고글보다 몇 배 무거웠다. 무거워도 좀 참고 해 보려 했는데 멀미가 났다. 왜인지는 모르지만 쓰고 고개를 돌리고 눈을 돌리다 보면 현기증이 나고 멀미도 났다. 이건 돈 받고도 쓰지 않을 물건이라고 생각했고, 이후 다른 제품이 나와도 별 관심이 없었다. 다른 사람들도 비슷했나보다. 여러 회사에서 다양한 제품이 나왔지만 성공한 건 없었다. 그런데도 기업들은 계속 새로운 걸 만들었다.

　"너 고글프로라고 알아?"

뜬금없이 호란이 묻는다.

"고글프로?"

"응. 확장현실용 헤드셋."

"확장현실은 또 뭐야. 헤드셋은 또 뭐고. 어렵다."

"흐흐. 그렇게 나올 줄 알았지. 왜 메타버스 한다며 머리에 쓰는 거 있잖아."

"아, 그거. 나 옛날에 한번 써보긴 했는데 완전 별로던데."

"네가 새 걸 안 써봐서그래. 완전 달라. 요새 의사들 다 써. 위내시경을 알약 정도 크기의 내시경로봇으로 하거든. 그냥 삼키기만 하면 돼. 그럼 로봇이 식도부터 쫙 동영상 촬영을 하는 거야. 그걸 의사가 고글을 쓰고 봐. 나도 한번 써봤는데 꼭 내가 식도 안에 있는 느낌이더라. 의사가 눈길을 여기저기로 보내면 로봇이 그 눈길 따라 렌즈를 돌려. 아주 간단해. 그래서 이제 수면 내시경을 안 해.

대장 내시경도 마찬가지야. 좌약처럼 항문을 통해서 넣으면 끝이야. 그래서 요샌 대장 내시경 하더라도 의사가 직접 넣지 않아. 환자가 넣으면 되니까 의사한테 똥꼬 보일 필요도 없지. 근데 대장 내시경 로봇은 좀 더 커. 용종 제거용 손이 달려 있기든. 의사가 고글을 쓰고 대장 내부를 살피다가 떼야 할 용종을 보면 손으로 버튼만 누르면 돼. 그럼 용종 주변으로 동그라미가 자동으로 생겨. 이걸 땔 거냐고 묻는 거지. 버튼을 한 번 더 누르면 로봇이 알아서 떼. 그래서 요즘 내과에선 고글이 필수품이야.

이비인후과도 마찬가지야. 가끔 비염이 아주 심하거나 부비동염 아니 축농증이 있는 경우 수술을 한단 말이지. 그때도 똑같아. 이전에는 내시경으로 수술을 했는데 지금은 그냥 코로 로봇을 넣어. 고글을 쓰고. 아주 간단해졌어."

의사만 쓰는 게 아니란다. 하수관 정비나 교량 정비, 보일러 정비 등 뭔가의 내부를 살펴봐야 하는 경우는 고글이 필수라고 한다. 새로 나온 제품들은 멀미도 없고 무게도 스키 고글 정도라서 불편하지도 않다고 했다. 그래서 요샌 고글 쓰고 하는 게임도 예전보다 훨씬 많아졌고 즐기는 이들도 늘었다는 얘기다.

"그런데 말야."

호란이 갑자기 목소리를 낮춘다.

원장 친구 중 한 명이 몇 달 전에 갑자기 잘 나가던 의원을 때려치우고 페이닥터를 한다고 한다. 그것도 일주일에 사나흘, 낮에 여섯 시간 정도만 일을 한다고 한다. 의사야 워낙 인건비가 비싸니 그 정도라도 웬만큼 생활은 된다.

그런데 그 이유가 기가 막혔다. 고글이 사단이었다. 원래 의료용으로 사용하던 걸 흥미가 생겨 다른 용도로 이것저것 써봤다고 한다. 그러다 게임을 잠깐 하게 되었는데 그만 게임 캐릭터에 홀딱 빠져버렸다는 것이다. 진료 끝나면 저녁도 안 먹고 잠도 자지 않고 게임만 했다고 한다. 원래 수줍음도 많고 내성적이어서 서른 중반이 될 때까지 연애 한 번 하지 않은 모태 솔로인데 게임에선 그런 부담이 없으니 그냥 빠져버린 것이다. 그리고 결국 어떻게든 게임을 오래 하고 싶어서 의원을 접고 페이닥터로 나섰다는 거다. 그것도 근무 시간을 줄이고 줄여 나머지 시간은 집에서 오로지 게임만 한다고 한다.

"아니, 무슨 게임이길래 그래. 그것도 아이템 사는 게 아니라 게임 캐릭터에 빠지다니."

"그게 무슨 전략 시뮬레이션 게임이래. 처음엔 시장이 되어 작은 마을을 운영하는 건데 시간이 지나고 성과가 쌓이면 큰 도시를 운영하고, 다시 한 나라를 운영하는 방식으로 점점 커지는 거라고."

"그런데 무슨 캐릭터에 빠져?"

"처음 시작할 때 시장을 보조하는 비서 역할을 하는 캐릭터가 있나봐. 시장이 일을 잘하면 격려도 하고 시장이 일을 대충 처리해서 문제가 발생하면 막 울기도 한다나."

"아무리 그래도 그렇지. 게임 캐릭터에 빠져서 일도 못할 정도라니."

"아까 내가 내시경 얘기했지? 고글을 쓰면 식도 안에 있는 것

같다고. 이것도 마찬가지래. 고글을 쓰면 시장실 안에 정말 자기가 있는 거야. 자기가 지시만 하면 눈앞에서 도로가 쫙 뚫리고, 건물이 지어지고. 몰입감이 장난이 아니라더라고. 거기다 비서한테 빠지는 게 원장 친구 책임만은 아니라고 하고."

"응? 그건 무슨 말이야?"

호란의 이야기에 따르면 처음부터 비서가 있는 게 아니란다. 한 사흘 정도 게임을 하면 그 후에 비서가 생성되는데, 그 비서 캐릭터는 일종의 인공지능이라고 한다. 사흘 동안 시장 역할을 하는 게이머의 여러 행동과 방식, 대화를 학습해서 일종의 퍼스널 커스터마이징personal customizing, 그러니까 개인 최적화를 한다는 것이다. 그래서 시장 역할을 하는 게이머가 홀딱 빠질 수밖에 없단다. 원장 친구만이 아니라는 얘기다. 어떤 이는 부인이 이혼소송을 하고, 또 누군가는 월급을 몽땅 그 게임에 쓰느라 파산하고, 여자친구와 헤어지고, 가족과 절연하는 등 여기저기서 꽤 문제가 발생했다는 것이다. 우리나라만의 문제가 아니라 다른 나라에서도 비슷한 일이 발생했다고 한다. 게이머들의 과몰입이 문제가 되자 결국 언론이 파헤치기 시작했고 게이머 가족들이 대책위를 구성했다는 것이다.

게임 운영사의 운영 방식에 대해서도 문제점을 지적하는 목소리가 커졌다고 한다. 결정적으로 게임 운영사 내부 폭로가 나왔다. 작은 마을을 운영할 때는 월 10만 원을 게임 이용료로 지불하는데 큰 도시 시장이 되려면 매달 100만 원 정도를 지출하고 각종 아이템을 살 수밖에 없도록 설계가 되어 있었던 것. 한 나라를 운영하려면 거의 매달 500만 원을 계속 써야 한다는 것이다. 이를 부추기는 방법으로 비서의 인공지능 알고리즘이 짜였다는 것이고. 게이머가 비서를 연인 관계로 여기도록 대화나 제스처를 취하는 방법을 인공지능이 학습했다는 것이다.

"결국 수사가 들어갔지. 하지만 게임을 개발한 회사는 외국계여서 수사도 쉽지 않았고 개발사는 계속 발뺌을 하고, 재판은 지지부진했대. 그런데 저번 주에 해킹을 당한 거야. 서버에 있던 회원 데이터가 다 날아가버렸어. 백업 서버도 같이 날려서 완전히 초기화돼버린 거야. 결국 게임이 중단되었지."

"그거 잘됐다. 사람 심리를 그렇게 이용해먹다니 나쁜 놈들이군."

"그런데 그 원장 친구 말야. 식음을 전폐하고 드러누웠다지 뭐야."

"엥, 정말?"

"그렇다니까. 가족들이 하도 황당해서 원장에게 연락을 했다더라고. 병원에 출근도 안 하고 연락도 되질 않아 집에 가봤더니 집안 꼴은 무슨 쓰레기 처리장 같고. 그 사람은 침대에 누워 멍하니 천정만 보고 있더란 거야. 그나마 가장 친하게 지내던 사람이 원장이라 동생이 연락을 했다더라고."

"참, 그렇게도 폐인이 되는군. 그래서?"

"원장이 주선해서 일단 신경정신과에 가서 치료를 받기로 했다더라. 그래도 원장 친구는 얌전한 편이야. 다른 사람들은 더 난리가 났다더라고."

그게 끝이 아니었다. 소문에 의하면 해킹한 이들이 국가정보원 소속이라는 거다. 게임에 참여한 사람 중에는 첨단 기업 엔지니어, 공군 중령, 국회의원 보좌관 같은 이들도 있는데 게임 비서를 통해 기밀을 빼내려는 정황을 파악하고 날려버렸다는 것. 세상 참 대단한 일들이 많다.

바래다주는 길에 호란이 슬며시 묻는다.

"기사 너는 그런 게임 안 할 거지?"

내가 아무리 눈치가 없어도 안다. 이럴 땐 답이 정해져 있다.

"네가 있는데 내가 그 비서한테 넘어가겠어?"

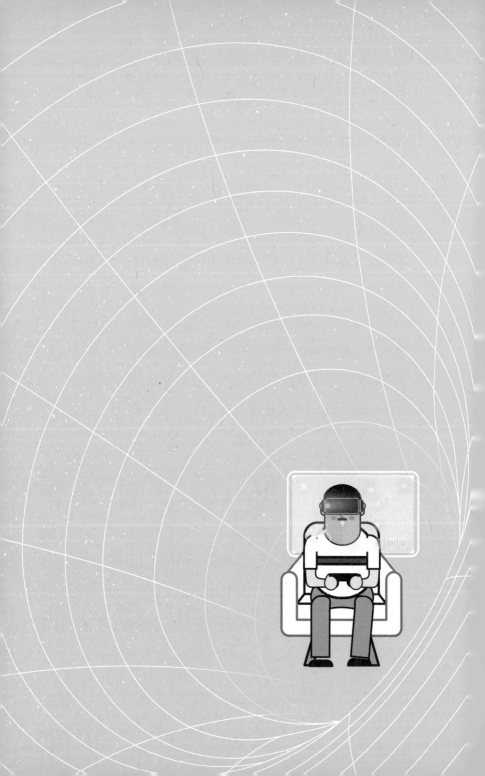

확장현실

지금, XR과 메타버스

확장현실Extended Reality, XR 기기와 가상세계는 최근 급속도로 발전하고 있는 기술 분야입니다. 가상현실Virtual Reality, VR, 증강현실Augmented Reality, AR, 혼합현실Mixed Reality, MR 등의 개념을 포괄해 확장현실XR이라고 하는데, 이와 관련된 제품들이 상용화되고 있지요. 페이스북과 인스타그램을 운영하는 메타가 현재 가장 활발하게 관련 제품을 제공하고 있지만, 애플도 '비전프로'라는 공간 컴퓨팅 기기를 2024년에 내놨습니다. 마이크로소프트도 '홀로렌즈'라는 기기를 미국 국방부에 납품했고, 우리나라 삼성과 LG도 관련 제품을 준비하고 있죠.

사이버 세계 또는 가상세계라고도 불렀지만 요새는 주로 메타버스라고 지칭합니다. 로블록스, 포트나이트, 제페토 등 메타버스 플랫폼이 큰 인기를 끌고 있는 가운데 페이스북(메타)과 마이크로소프트 등도 자체

메타버스 플랫폼 구축에 나서고 있습니다.

그러나 아직 XR 기기 사용에 몇 가지 문제가 있어요. 우선 대부분의 제품이 장시간 쓰고 있기엔 무겁고 꽤 많은 사람이 멀미나 현기증을 느낀다는 거예요. 몰입감이 높지만 그만큼 신체의 거부반응도 큰 것이죠.

더 중요한 문제는 XR 제품에서 사용할 콘텐츠가 부족하다는 점입니다. 게임도 대중적으로 인기를 끄는 경우가 거의 없고 그 외 동영상이나 기타 커뮤니티 서비스도 아직은 크게 인기를 끌지 못하고 있습니다.

하지만 XR은 여러 분야에서 활용할 가치가 충분히 있는 것으로 인정받고 있어요. 예를 들어 비행기 조종사 교육에는 XR 기기를 통한 시뮬레이션이 크게 도움이 되겠죠. 선박 조종이나 기차 운행도 시뮬레이션 기기 사용은 경제적으로도 시간상으로도 큰 도움이 될 거예요.

또 의학이나 기타 다양한 교육 영역에서도 XR은 비용은 줄이고 효율은 높여줄 것으로 여겨지고 있습니다. 글로벌 기업의 경우 원격 회의나 온라인 교육 등에 XR 기기를 사용하고자 하는 수요가 있고요.

10년 후, XR과 메타버스

기술의 발전 속도를 고려할 때 10년 후 XR과 가상세계는 우리 일상과 사회 전반에 꽤 큰 변화를 가져올 수 있습니다. 우선 교육 분야의 변화를 생각해볼게요. 의과대학생들은 가상 수술 시뮬레이션을 통해 실제와 유사한 환경에서 수술 기술을 연마할 수 있습니다. 이공계 학생들은 가상

실험실에서 여러 실험을 직접 수행할 수 있죠.

지리 시간에는 프랑스나 러시아, 미국, 아프리카 등을 직접 가지 않더라도 그곳에 간 것처럼 체험학습을 할 수도 있을 거예요.

의료 분야도 확장현실이 중요한 역할을 할 것입니다. 앞서 다뤘던 원격진료에도 도입될 수 있고, 환자들의 재활훈련에도 활용될 수 있습니다. 뇌졸중 등으로 인지능력이 떨어진 경우 가상 환경에서 기억력이나 주의력, 문제해결 능력을 높이는 과제를 수행함으로써 인지 기능을 회복할 수 있습니다.

군사 분야도 확장현실에 주목하고 있습니다. 고글로 다양한 정보를 제공하면 적지에서 임무를 수행하는 군인에게 큰 도움이 될 수 있지요. 훈련도 가상 적군을 상대하면서 현실감을 더욱 높일 수 있어요.

스포츠 분야도 마찬가지입니다. 고글을 쓰면 경기장 관람석에서 직접 경기를 보는 체험을 할 수 있게 됩니다. 박물관이나 미술관에서도 확장현실을 활용해 전시품에 대한 다양한 정보를 얻을 수 있게 되겠죠.

하지만 다음과 같은 우려도 있습니다. 일단 이런 제품의 구입 비용과 서비스 이용 비용을 생각하면 경제적 격차에 따른 불평등이 발생할 수 있습니다. 그리고 현재 플랫폼 기업의 독점처럼 확장현실 기기와 서비스 플랫폼 독점이 문제가 될 수 있습니다. 그리고 앞선 이야기에 나온 것처럼 가상현실에 과몰입하는 문제도 발생하겠죠.

확장현실 기기가 더욱 발전된 미래에 여러분은 어떤
콘텐츠를 가장 즐기고 싶은가요? 그리고 확장현실 기기와
가상세계가 더 발전한다면 가장 크게 대두될 문제는
무엇이고 그 해결책은 무엇일까요?

지속가능한 세상을 위한 청소년 시리즈 10

10년 후 우리는, AI와 친구가 될 수 있을까?
: 과학기술의 미래

초판 1쇄	2025년 1월 22일
지은이	박재용
편집	김영미
디자인	design KAZ
제작	공간
펴낸곳	이상북스
출판등록	제313-2009-7호(2009년 1월 13일)
주소	10546 경기도 고양시 덕양구 향기로 30, 106-1004
전화번호	02-6082-2562
팩스	02-3144-2562
이메일	klaff@hanmail.net
ISBN	979-11-94144-05-2 43300

* 이 도서는 2024년 문화체육관광부의 '중소출판사 도약 부문 제작 지원' 사업의 지원을 받아 제작되었습니다.